名师名校名校长

凝聚名师共识
回应名师关怀
打造名师品牌
培育名师群体

幼儿园体育教学活动设计

辛小勇　许凯　主编

吉林出版集团股份有限公司
全国百佳图书出版单位

图书在版编目（CIP）数据

幼儿园体育教学活动设计 / 辛小勇，许凯主编. — 长春：吉林出版集团股份有限公司，2023.6
ISBN 978-7-5731-3776-0

Ⅰ.①幼… Ⅱ.①辛… ②许… Ⅲ.①体育课－教学设计－学前教育 Ⅳ.①G613.7

中国国家版本馆CIP数据核字（2023）第131769号

YOU'ERYUAN TIYU JIAOXUE HUODONG SHEJI
幼儿园体育教学活动设计

主　　编	辛小勇　许　凯
责任编辑	许　宁
装帧设计	言之凿
开　　本	787 mm×1092 mm　1 / 16
印　　张	13.5
字　　数	243千字
版　　次	2024年4月第1版
印　　次	2024年4月第1次印刷
出　　版	吉林出版集团股份有限公司
发　　行	吉林出版集团外语教育有限公司
地　　址	长春市福祉大路5788号龙腾国际大厦B座7层
印　　刷	吉林省创美堂印刷有限公司
电　　话	总编办：0431-81629929

ISBN 978-7-5731-3776-0　　　　定　价　58.00元
版权所有　侵权必究　　　　　举报电话：0431-81629929

编委会

主　编：辛小勇　许　凯

副主编：董　思　张少蘋

编　委：（按书中教学案例先后顺序排名）

　　　　刘蔚茹　何浩锋　徐紫明　彭　荔　郭桂明

　　　　陈　苍　陈伯美　黎　瑜　胡春媚　伍世斌杰

　　　　黄营坤　刘丽娟　石鲤维　黄敏芳　彭松山

　　　　黄梓豪　陈洁莹　梁颖茵　颜　佳

前言

　　幼儿园体育活动能增强幼儿运动能力和环境适应能力，是幼儿形成健康体魄、愉快情绪的重要途径。《幼儿园教育指导纲要（试行）》强调，"培养幼儿对体育活动的兴趣是幼儿园体育的重要目标，要根据幼儿的特点组织生动有趣、形式多样的体育活动，吸引幼儿主动参与"，确定了幼儿园体育活动的基本宗旨。《3~6岁儿童学习与发展指南》（以下简称《指南》）在"动作发展"目标中提出了"具有一定的平衡能力，动作协调、灵敏""具有一定的力量和耐力"这两项与粗大动作相关的子目标。平衡能力，动作灵敏、协调，力量和耐力是幼儿身体素质的基本方面，而幼儿身体素质的发展水平是在各种身体的基本活动中表现出来的，是通过动作发展来促进的。通过趣味性的动作练习，丰富、拓展幼儿的运动体验，锻炼幼儿的各种身体素质，同时在过程中培养幼儿对体育活动的兴趣，是一线教师亟待提升的专业能力。

　　通常来说，与幼儿身体素质相关的动作发展需要在自由游戏、探索学习、教师拓展中共同完成。在幼儿园一日活动中，可以发展幼儿身体素质的活动主要是户外自主游戏活动、区域体育自选活动、操节、集体体育游戏、集体体育教学活动等。其中，集体体育教学活动有着目的性强、锻炼性强的特点，可以有针对性地丰富幼儿的运动体验，发展幼儿的身体素质。同时，集体性的体育活动也给幼儿提供了更多社会性发展的可能，专注、合作、互助、勇敢、抗挫等品质和集体荣誉感等都可以在集体活动中培养。特别对于户外空间有限的幼儿园来说，集体体育教学活动是非常必要的一种教育活动。但目前幼儿园教育实践中，体育教学活动质量普遍不高，分析其原因主要有两点：一是教师对"教什么"不够清晰，即领域知识相对缺乏；二是对"怎么教"研究不够，体育教学活动环节设计不科学、趣味性不足，用在讲解、示范、纪律要求上的时间较多，忽视以好玩的游戏带动幼儿投入愉快的运动。

本书旨在帮助一线教师解决以上问题。针对第一个问题，我们结合《指南》目标要求、相关文献研究和长期实践中的经验与思考，将幼儿的力量和耐力、灵敏和协调、平衡能力等各项身体素质与一些主要的运动项目进行了对应分类，每种运动项目的动作都包含基本动作和拓展动作。以力量和耐力身体素质发展为例，可主要通过悬垂类、投掷类、支撑类、跑步类、跳跃类、定向类等运动项目来实现。其中投掷类运动项目，基本动作是投掷，拓展动作既可包括基本动作的延伸动作（躲闪投掷、前后抛投、肩上投掷、远距离投掷、远距离投准、追踪投掷、互躲互投等），也可包括基本动作的补充动作（抛接、踢、抛踢、下蹲、跳跃、转身等）。拓展动作可根据游戏需要而设计，尽量丰富幼儿的运动体验。游戏中通过基本动作和拓展动作的练习，促进幼儿力量和耐力身体素质的发展。

针对第二个问题，我们规范了体育教学活动"准备部分、基本部分、结束部分、活动延伸"四个环节，并强调在"基本部分"按照"探索阶段、学习阶段、提升阶段"引导幼儿逐步进阶。此外，我们特别开发、运用了情境创设、材料投放、基本玩法三维框架，引导教师在教学活动的每一步都从三个维度思考游戏设计，将不同的动作组合融于游戏，使有趣且有序的游戏贯穿活动过程，最终促进幼儿身体素质的提升，培养幼儿对体育活动的兴趣。

本书主要内容分四章，包含三个年龄段共18类，总计57个体育教学活动设计。第一章是力量、耐力类体育教学活动设计，包括投掷类、支撑类、跑步类、跳跃类、定向类、牵拉类等六大内容。第二章是灵敏、协调类体育教学活动设计，包括钻爬类、攀登类、追逐类、足球类、篮球类、躲闪类等六大内容。第三章是平衡能力类体育教学活动设计，包括走平衡类、侧滚翻类、绳桥类、常见车类等四大内容。第四章是其他类体育教学活动设计，作为前三章的补充，包括小空间幼儿园可参考的室内综合类活动设计、可面向特需儿童的知觉—动作类活动设计。每类活动设计都涵盖了小、中、大班三个年龄段。期

前言

待这些来自一线的实践成果能给广大幼儿园教师组织体育教学活动带来一些启发。

本书是集体创作的成果，编写者主要是区域教研员和广东省各地一线骨干教师，多数教师是广东省辛小勇学前名教师工作室入室弟子和网络学员。因来自教学一线，本书教学活动设计有实用、接地气的优点，但也难免会因编写者学识、能力有限出现一些不足，敬请各位同人批评指正。

编 者

2022年11月7日

第一章 力量、耐力类体育教学活动设计

第一节 投掷类体育教学活动设计 ········· 2

小小飞行员（小班） ········· 2

勇敢的士兵（中班） ········· 6

怪物森林（大班） ········· 9

第二节 支撑类体育教学活动设计 ········· 12

滑板车变变变（小班） ········· 12

小兵练本领（中班） ········· 16

小猴子过桥（大班） ········· 19

第三节 跑步类体育教学活动设计 ········· 22

小马快跑（小班） ········· 22

小鸡送信（中班） ········· 26

小猴子历险记（大班） ········· 30

第四节 跳跃类体育教学活动设计 ········· 33

小兔摘果（小班） ········· 33

小青蛙搬食物（中班） ········· 37

小松鼠摘松果（大班） ·················· 40

第五节　定向类体育教学活动设计 ·················· 43

快乐寻宝（小班） ·················· 43

聪明的小猴子（中班） ·················· 47

寻宝大闯关（大班） ·················· 51

第六节　牵拉类体育教学活动设计 ·················· 55

溜溜布作用大（小班） ·················· 55

小猴真有力（中班） ·················· 59

机灵的猴子（大班） ·················· 62

第二章　灵敏、协调类体育教学活动设计

第一节　钻爬类体育教学活动设计 ·················· 68

小刺猬采果子（小班） ·················· 68

智斗大猫（中班） ·················· 72

我是小小士兵（大班） ·················· 75

第二节　攀登类体育教学活动设计 ·················· 79

猴子摘香蕉（小班） ·················· 79

勇敢的快递员（中班） ·················· 83

攀登小达人（大班） ·················· 87

第三节　追逐类体育教学活动设计 ·················· 91

小猫快跑（小班） ·················· 91

智斗狗熊（中班） ·················· 95

　　撕名牌（大班） ···················· 98

第四节　足球类体育教学活动设计 ············ 101

　　小猪运食物（小班） ················ 101

　　丛林奇遇（中班） ·················· 105

　　夺回宝石（大班） ·················· 108

第五节　篮球类体育教学活动设计 ············ 111

　　篮球小超人（小班） ················ 111

　　篮球小子（中班） ·················· 115

　　运球高手（大班） ·················· 118

第六节　躲闪类体育教学活动设计 ············ 121

　　小鱼历险记（小班） ················ 121

　　小猫觅食（中班） ·················· 125

　　宇宙大冒险（大班） ················ 129

第三章　平衡能力类体育教学活动设计

第一节　走平衡类体育教学活动设计 ·········· 134

　　小猫找食物（小班） ················ 134

　　运输小队（中班） ·················· 138

　　好玩的平衡单杠（大班） ············ 142

第二节　侧滚翻类体育教学活动设计 ·················· 145

　　小刺猬采果子（小班） ·················· 145

　　勇敢的小士兵（中班） ·················· 148

　　美味蛋卷（大班） ·················· 151

第三节　绳桥类体育教学活动设计 ·················· 154

　　小蚂蚁运粮食（小班） ·················· 154

　　猴子过桥（中班） ·················· 157

　　巧渡荡绳桥（大班） ·················· 160

第四节　常见车类体育教学活动设计 ·················· 163

　　开车捡果子（小班） ·················· 163

　　货车小司机（小班） ·················· 166

　　有趣的滑板车（中班） ·················· 169

　　勇敢的小骑手（中班） ·················· 172

　　快乐三轮车（大班） ·················· 175

　　我是快递员（大班） ·················· 178

第四章　其他类体育教学活动设计

第一节　室内综合类体育教学活动设计 ·················· 182

　　战胜大灰狼（小班） ·················· 182

　　小兔子学跳伞（中班） ·················· 186

　　探险花果山（大班） ·················· 189

第二节　知觉—动作类体育教学活动设计 192

　　快乐海洋球（小班） 192

　　勇闯难关（中班） 195

　　小兔子拔萝卜（大班） 198

第一章

力量、耐力类体育教学活动设计

第一节 投掷类体育教学活动设计

小小飞行员（小班）

广州市第一幼儿园　刘蔚茹

【活动目标】

1. 喜欢投掷类游戏，感受游戏成功的喜悦。
2. 探索肩上投远的动作，遵守游戏规则。
3. 能使用不同材料进行投掷，投中指定的目标。

【活动准备】

幼儿提前做好的小飞机（用彩色夹子夹住彩色皱纹纸条制作而成的小飞机）、羊角球20个、海绵球30个、小沙包30个、篮子6个、雪糕筒4个、呼啦圈5个、塑料瓶10个、乒乓球10个、本地不同景点的图片。

【动作发展】

基本动作：投掷。

动作拓展：远距离投掷、肩上投掷、投高、前后抛投、跳投、跑投。

【活动过程】

（一）准备部分

1. 热身律动

跟随音乐节奏，一起做热身律动操。

2. 热身游戏

（1）情境创设

我是小小飞行员。

（2）材料投放

羊角球、海绵球、篮子、雪糕筒。

（3）基本玩法

将幼儿分成4组，起点和终点的距离为10米左右，在离终点2米处放置小篮子。

师："我们今天接受一个运送装备包的飞行任务，羊角球是飞行器，海绵球是装备包，你们要骑着羊角球跳跃到达终点，把海绵球投到篮子里，赶紧来试一试吧。"

可以在路上放置若干雪糕筒，拉长篮子间的距离，让"飞行员"骑着羊角球避开雪糕筒，把海绵球投到篮子里。

（二）基本部分

1. 探索阶段

（1）情境创设

小飞机飞起来。

（2）材料投放

小飞机、音乐。

（3）基本玩法

将幼儿分成4组，每人发一个小飞机。

师："我们要让小飞机飞起来，将飞机举过肩，挥动上臂向前上投出去，赶紧来试试吧。"

教师鼓励幼儿想办法投得又高又远，请幼儿示范。指导幼儿了解投掷动作的多样性。

2. 学习阶段

（1）情境创设

飞上蓝天做游戏。

（2）材料投放

小飞机、呼啦圈、音乐。

（3）基本玩法

在距离地面1.5米处悬挂呼啦圈，当作圆形云朵。

师："小飞机飞得可真高，接下来要飞到云朵里，看谁的小飞机能够穿梭在云朵里，试一试吧。"

教师提醒幼儿瞄准投掷，注意调整投掷时的站位。

3. 提升阶段

（1）情境创设

飞机飞上天。

（2）材料投放

篮子、乒乓球、小沙包、塑料瓶、海绵球、本地不同景点的图片。

（3）基本玩法

将多个篮子挂在树上，约1.5米高，分别贴上本地不同景点的图片。幼儿拿着海绵球一边自由地跑动，一边喊口令："小飞机、小飞机，飞飞飞，飞到哪里去？"教师答："飞到广州塔。"幼儿迅速找出贴有广州塔图片的篮子，用力将海绵球投到篮子里。

师："我们用其他小球当作小飞机，来试一试吧。"

提供乒乓球、海绵球等，调整篮子的高度，增加投掷的难度。

（三）结束部分

师："蓝蓝的天空多美丽，飞机是怎么飞翔的呢？飞行员们来学一学吧。"

教师带领幼儿蹲下来，跳起来，张开手臂，转圈圈，扭扭腰，压压腿，甩甩手臂。

师："小飞行员们，飞行结束了，我们一起收拾行李回家吧！"

（四）活动延伸

将投掷标的物图示（害虫、怪兽、靶心等）贴在墙上，鼓励幼儿用各类小球进行投掷，并逐步调整标的物的高度，增加投掷难度；鼓励幼儿进行创意动作拓展，增强幼儿运动兴趣。

勇敢的士兵（中班）

广州市第一幼儿园　刘蔚茹

【活动目标】

1. 喜欢投掷游戏，敢于尝试新玩法。
2. 探索肩上挥臂投远的动作，遵守游戏规则。
3. 能灵活而准确地投掷可移动的目标。

【活动准备】

海绵球50个、沙包50个、小足球30个、篮子6个、绳子2条、雪糕筒1个、平衡木2条、轮胎4个、海绵垫6块、坦克车的图片多张。

【动作发展】

基本动作：投掷。

动作拓展：单手肩上投掷、远距离投掷、接球后快投、踢球、爬行中投掷、追踪投掷、灵活躲闪。

【活动过程】

（一）准备部分

1. 热身律动

跟随音乐节奏，一起做热身律动操。

2. 热身游戏

（1）情境创设

小小神投手。

（2）材料投放

海绵球、沙包、小足球、篮子、绳子。

（3）基本玩法

拉直绳子作为投弹线，幼儿拿着海绵球和沙包站成一排，在幼儿队形前约2米处放篮子。

师："你们个个都是神投手，要站在绳子后面，将敌人的碉堡炸毁，碉堡就是前面的篮子，看谁能投到，赶紧开始吧。"

教师提醒幼儿可以自主选择更换另一种投掷物，可以参考其他幼儿的动作，探索多种投掷的方法。

（二）基本部分

1. 探索阶段

（1）情境创设

烫手的炸弹。

（2）材料投放

小球、篮子。

（3）基本玩法

每个幼儿都拿一个小球，在操场上准备，操场四周放一些篮子。

师："手上的炸弹非常烫手，我们只能通过不断地抛接防止手被烫伤。当老师喊停时，会指向操场一方的篮子，你们要快速地将球投到指定的篮子里。"

教师带领幼儿反复抛接球，每次指向不同的篮子，激发幼儿投掷的兴趣。

2. 学习阶段

（1）情境创设

高处的碉堡。

（2）材料投放

篮子、折叠垫、海绵球。

（3）基本玩法

将折叠垫摞高，把篮子放在上面，幼儿每人拿一个海绵球做好准备。

师："敌人这一次把碉堡建在了高山上，我们来想办法把炸弹投到指定位置，看看谁能做到。"

教师提醒幼儿投掷出抛物线，请幼儿做示范，给予参考。

3. 提升阶段

（1）情境创设

炸毁坦克车。

（2）材料投放

贴有敌人坦克图片的纸箱、绳子、海绵球、垫子。

（3）基本玩法

在终点处，教师与配合的幼儿拉着纸箱缓慢移动，远处的幼儿站在垫子后面，手拿海绵球做准备。

师："敌人为了保护碉堡，派出了坦克车，我们要想办法炸毁它，但千万不要离得太近，要站在垫子后面投掷。"

教师鼓励幼儿跳起来投远，如果投进箱子里的小球超过10个，即表示坦克被炸毁。

（三）结束部分

师："你们经历了重重难关，终于取得了胜利。我们一起伴随音乐重温一下投掷的慢动作，来放松一下身体吧。"

音乐结束后，收拾器械回班。

（四）活动延伸

投掷的主要材料是小球，可尝试多样化的辅助材料来增加游戏的趣味性。常见的纸箱、环保袋、报纸以及折叠垫都可以用来做辅助材料。

怪物森林(大班)

广州市第一幼儿园　刘蔚茹

【活动目标】

1. 喜欢投掷游戏,敢于挑战难度。
2. 积极参与游戏,探索投高、投远的方法。
3. 能灵活而有力地将小沙包投到指定的地点或投中移动的目标。

【活动准备】

海绵球40个、小沙包30个、小背篓30个、8米长的绳子1根、小桶子6个、泡沫板30个、怪物头饰15个、精灵头饰10个、小花伞10把、小鼓1个。

【动作发展】

基本动作:投掷。

动作拓展:远距离投掷、投准、抛接、接球后投掷、躲闪、前后抛投、单手肩上投掷、追踪投掷。

【活动过程】

(一)准备部分

1. 热身律动

跟随音乐节奏,一起做热身律动操。

2. 热身游戏

（1）情境创设

怪物森林的邮递员。

（2）材料投放

海绵球、小沙包。

（3）基本玩法

一组幼儿拿着海绵球，另一组幼儿在操场上按一定间距站好。

师："怪物森林里的邮递员很奇怪，他会将快递（海绵球）向你投来，你最好能够接住。如果接不住，他就要反复投递。如果在10秒内没有接到快递，他就要把快递收走。"

教师提醒幼儿机智应对，做好接球准备。

（二）基本部分

1. 探索阶段

（1）情境创设

阻拦投递。

（2）材料投放

不同颜色的海绵球、直径50厘米的大桶。

（3）基本玩法

幼儿每人拿多个海绵球，操场四周放一些大桶，请一名幼儿站在桶旁边看着。

师："在投递的时候，竟然有只狗熊阻拦。这个投递桶有点大，很容易就可以投进去，我们来试一试吧。"

教师提醒幼儿寻找不同角度和方位，将小球投到桶里。游戏中，狗熊只能走，不能跑，限制他的速度。先让幼儿熟悉游戏规则，再加快速度。

2. 学习阶段

（1）情境创设

调皮精灵来捣蛋。

（2）材料投放

精灵头饰、小花伞、海绵球、小鼓。

（3）基本玩法

教师先准备好海绵球和小花伞，让10名幼儿做白雪公主，其他幼儿做精灵。

师："白雪公主撑着伞来森林里做客，调皮精灵就来捣乱了。鼓声响起时，白雪公主在区域内随意走动。当鼓声暂停时，小精灵就向白雪公主的伞投掷，把白雪公主吓得赶紧跑回家。"

教师提醒幼儿把海绵球投向小花伞，不可以投向身体。

3. 提升阶段

（1）情境创设

怪物要来了。

（2）材料投放

怪物头像图片和头饰、长绳子、海绵球、泡沫板。

（3）基本玩法

组织幼儿站成一排，将绳子拉高，绳上吊一些怪物的图片。

师："森林里来了很多怪物，我们要打走他们。怪物还会移动，看谁可以打得到。"

将绳子拉高或移动，让幼儿往更高处投。

（三）结束部分

师："你们真勇敢，在怪物森林中进行了有趣的探险。现在来到能量树下，补充能量。"

教师带领幼儿做一些转头、扭腰等放松动作，收拾器械离开。

（四）活动延伸

在投掷小花伞的游戏中，可以让白雪公主把小花伞反过来拿，把小精灵投来的小球收去，增强游戏的趣味性。

第二节 支撑类体育教学活动设计

滑板车变变变（小班）

广州市第一幼儿园 何浩锋

【活动目标】

1. 乐于和同伴合作游戏，共同体验滑板车带来的乐趣。
2. 能用四肢有力地支撑，使滑板车按预定路线和方向滑动起来。
3. 能注意空间位置，调节滑板车的速度，避免碰撞。

【活动准备】

光滑的地板场地、音乐音响、滑板车（感统训练的滑板车）、雪糕筒8个、小乌龟头饰、小兔子头饰、小虫子头饰、小跨栏8个、协助教师1名。

【动作发展】

基本动作：支撑。

动作拓展：俯卧爬、双手支撑走、四肢蹬撑、推、拉、双脚跳。

【活动过程】

（一）准备部分

1. 热身律动

跟着音乐节奏，一起做自编的动物模仿操。

2. 热身游戏

（1）情境创设

小动物运动会。

（2）基本玩法

幼儿站在一条长长的直线上，离对面终点线约10米。请幼儿模仿自己最喜欢的小动物听指令进行跑步比赛。

教师提醒幼儿注意间距。

（二）基本部分

1. 探索阶段

（1）情境创设

小动物玩滑板车。

（2）材料投放

滑板车。

（3）基本玩法

幼儿每人拿一个滑板车，找个舒服的位置做好准备。

师："今天小动物们来和滑板车玩游戏，请大家想一想，滑板车可以玩哪些游戏呢？"

幼儿可趴在滑板车上向前滑，也可坐在滑板车上向前滑，还可以推着滑板车前进。

教师鼓励幼儿合作玩滑板车。例如，一个坐在滑板车上，另一个向前推。

2. 学习阶段

（1）情境创设

龟兔赛跑。

（2）材料投放

滑板车、小乌龟头饰、小兔子头饰、小跨栏8个、雪糕筒8个。

（3）基本玩法

将幼儿分成小乌龟组、小兔子组，准备进行龟兔赛跑。

师："我们来玩龟兔赛跑的游戏，小乌龟要趴在滑板车上，双手用力撑，让车向前滑动。小兔子要双脚连续跳过跨栏，看哪一组最先到达终点。"

教师提醒幼儿交换扮演不同角色，适当改变路线的距离，调整运动量。

3. 提升阶段

（1）情境创设

小虫找树叶。

（2）材料投放

滑板车、小虫子头饰、雪糕筒8个、若干落叶。

（3）基本玩法

在终点处放一些树叶，作为食物。将幼儿分成4组，扮演小虫子，双膝跪在滑板车上。听到指令后出发，双手用力撑地，让车向终点滑去。

师："小虫子们要出去找食物了，滑到终点之后，捡一片树叶回来。"

教师提醒幼儿直线滑行，适当调整游戏的距离，进行个别动作指导。

（三）结束部分

师："小虫子们经过不懈努力，克服了各种困难，终于找到了食物。小虫子们一起坐在草地（滑板车）上晒太阳，伸伸懒腰，拍拍腿，抖抖手，一起拿起小树叶吃起来，真香。"

教师带领幼儿收拾好玩具回班。

（四）活动延伸

教师可根据幼儿的表现，提供一些障碍物，增加滑行的难度，如绕过雪糕筒、折叠垫；还可以让幼儿双手各拿一个短棒，坐在滑板车上玩划龙舟的游戏。

小兵练本领（中班）

广州市第一幼儿园　何浩锋

【活动目标】

1. 喜欢扮演小兵，敢于挑战困难，体验同伴合作的乐趣。
2. 遵守游戏规则，探索利用平衡木进行多种支撑跳跃动作。
3. 能利用平衡木进行双臂支撑跳跃和侧身俯卧支撑爬。

【活动准备】

平衡木4根、纸箱做的小背包、小沙包、折叠垫8块。

【动作发展】

基本动作：支撑。

动作拓展：手膝爬、俯卧支撑、仰卧支撑、支撑侧身爬、仰撑侧身爬、支撑侧身跳、匍匐爬行。

【活动过程】

（一）准备部分

1. 热身运动

幼儿跟着音乐节奏，在教师的带领下做自编武术操，然后绕操场慢跑。

2. 热身游戏

（1）情境创设

小兵学推车。

（2）基本玩法

与幼儿合作示范，模仿推小车的动作。

师："今天小兵们要开始练本领啦！第一个练习是合作推小车，先来看一看我是怎样推小车的。与我合作的小兵趴在地上，把腿蹬直，我在后面抬起他的腿。小车可以原地打转，向前、向后移动，真好玩，你们也来试一试吧。"

教师提醒幼儿刚开始时，尝试坚持10秒钟放下。提醒幼儿当同伴没有力气时，就要交换体验。

（二）基本部分

1. 探索阶段

（1）情境创设

小兵支撑跳。

（2）材料投放

平衡木4根。

（3）基本玩法

将幼儿分成4组，每一组前面放一根平衡木。

师："小兵的手臂都很有力，能够双手撑着平衡木从这边跳到那边，安全又灵活，看一下我是怎么跳的（俯身支撑平衡木左右跨跳），你们也来试一试。"

幼儿依次练习，手脚协调用力，反复多次练习。

教师提醒幼儿双手支撑平衡木时，要看准，扶稳，避免手湿打滑。

2. 学习阶段

（1）情境创设

躲过城堡。

（2）材料投放

平衡木4根。

（3）基本玩法

将平衡木竖着放在小队前面，作为蚂蚁的城堡。

师："平衡木是蚂蚁的城堡，绝不可以碰到它，不然就会被蚂蚁一直追。为了不碰到城堡，小兵要手撑地爬着前进，把臀部抬高侧向移动，从城堡上面通过，你们也可以来试一试。"

教师提醒幼儿将臀部尽量抬高，协调用力。

3. 提升阶段

（1）情境创设

小兵送弹药。

（2）材料投放

平衡木4根、小背包、小沙包。

（3）基本玩法

保持前一个游戏场地布置不变，将幼儿分成两组，背上背包，站在起点处做好准备。

师："小兵们开始送弹药了，可途中需要翻过一个围栏，还要通过蚂蚁城堡。你们要双手支撑跳过围栏，把背包里的'弹药'（小沙包）放在终点位置。回来时要支撑侧爬通过蚂蚁城堡，然后下一个小伙伴接力送'弹药'。"

根据幼儿能力水平，可适当融入小组比赛的游戏元素，提高趣味性。

（三）结束部分

师："小兵们，你们经过不懈努力，全都练成了一身好本领，你们真棒。我们一起坐在桥上（平衡木）休息一下吧。"

同伴之间互相按按肩、敲敲腿，收拾好器械回班。

（四）活动延伸

在小兵送弹药的游戏中，为增加难度体验，可以提供跳高垫来辅助，叠起高度在80厘米左右，用来增加支撑翻越的难度。

小猴子过桥（大班）

广州市第一幼儿园　何浩锋

【活动目标】

1. 喜欢扮演灵巧的小猴子，不怕困难。
2. 遵守规则，能快速适应新的游戏环境和要求。
3. 能支撑双杠灵活跳过各种难度的障碍物。

【活动准备】

单杠8个、椅子16张、垫子4块。

【动作发展】

基本动作：支撑。

动作拓展：手脚爬、手脚侧身爬、支撑前后移动、支撑跳跃。

【活动过程】

（一）准备部分

1. 热身律动

跟着动感的音乐节奏，一起做热身搏击操。

2. 热身游戏

（1）情境创设

小猴子学本领。

（2）基本玩法

幼儿扮演小猴子，教师扮演猴子爸爸。

师："小猴子们，要跟着猴子爸爸学本领啦！"

教师带领幼儿进行动作体验，如双手支撑地面抬起头，跟着音乐节奏向前、向后爬行；紧接着站起来，模仿老师，进行双脚开合跳、双脚前后跳等。

（二）基本部分

1. 探索阶段

（1）情境创设

小猴子过桥。

（2）材料投放

双杠4组、垫子4块。

（3）基本玩法

提前准备好4组双杠，下面铺上垫子做保护，引导幼儿开展支撑类动作的探索。幼儿扮演小猴子。

师："小猴子要通过双管桥，下面是河，掉进去就会被冲走了。我们怎样从桥上安全通过呢？大家来试一试吧。"

教师提醒幼儿在双杠上进行支撑向前爬、侧身爬、四肢悬吊移动等趣味性探索。

2. 学习阶段

（1）情境创设

小猴子过河。

（2）材料投放

双杠4组、椅子16张。

（3）基本玩法

幼儿分成4组做好准备，双杠下面放4张椅子，椅子侧着放，椅背统一朝侧面，椅子之间距离为50～80厘米。

师："这次小猴子要挑战一下自己，不从桥上过河，要从桥下过河。桥下放了4块大石头，小猴子支撑双杠连续跳到石头上就可以安全过河了，快来试一下吧。"

教师提醒幼儿双手用力支撑跳跃，尽量跳得远一点，也可以调整椅子之间的距离，增加难度。

3. 提升阶段

（1）情境创设

小猴子跳小山。

（2）材料投放

双杠4组、椅子16张。

（3）基本玩法

双杠位置不变，将每两张椅子"背靠背"摆放，呈"小山"状，两座小山相距1米。

师："前面有小山拦路，我们要支撑着双杠跳起来，把脚收高，才能安全通过，可不要被椅背绊住了。"

教师提醒幼儿支撑跳跃的同时，双脚尽量向上提，注意握紧双杠，落地缓冲，安全体验。

（三）结束部分

师："小猴子们经过自己的努力，克服了各种困难，能熟练地通过小桥，真棒啊！现在和我一起放松一下吧。"

幼儿跟随着音乐转转手、抖抖腿、扭扭腰，收拾好玩具回班。

（四）活动延伸

当幼儿能够完成支撑向前跳的动作的，教师可以鼓励其尝试用力支撑双杠顺势提起双腿挂在双杠上。大班幼儿还可以开展一些稍微激烈的支撑跳追逐游戏。

第三节　跑步类体育教学活动设计

小马快跑（小班）

广州市花都区保利水晶幼儿园　徐紫明

【活动目标】

1. 乐于和同伴一起游戏，感受奔跑的乐趣。
2. 能遵守游戏规则，听信号跑动，探索快跑与跳跃的方法。
3. 能灵活调整奔跑的速度和方向，跳过溜溜布，快速躲避追捕。

【活动准备】

雪糕筒、体能环、篮筐、溜溜布1块、海绵垫4块。

【动作发展】

基本动作：跑。

动作拓展：慢跑、快跑、听信号跑、折返跑、持物跑、躲避四散跑。

【活动过程】

（一）开始部分

1. 热身律动

教师带领幼儿跟随音乐进行热身律动。

2. 热身游戏

（1）情境创设

小马学本领。

（2）基本玩法

幼儿随音乐绕场地四周慢跑，教师发出信号，引导幼儿变换速度跑。

师："今天请小马送货，先要跟随妈妈学本领，看谁能听指挥进行快、慢变速跑。"

教师提醒幼儿奔跑时注意安全，保持距离。

（二）基础部分

1. 探索阶段

（1）情境创设

小马送货。

（2）材料投放

雪糕筒若干、体能环若干、篮筐若干。

（3）基本玩法

将幼儿分成4组，每组前放5个间隔1米的雪糕筒，开始探索不同的跑步动作。

① 往返跑：教师示范绕雪糕筒往返跑，请幼儿依次体验。

师："小马们要去送货了，每次都要从起点出发。要绕过5个雪糕筒，到达终点后，原路返回接力，下一个再出发。"

② 持物跑：教师在起点处放一筐体能环，在终点放一个空的篮筐。

师："小马要送货了，请帮忙把玩具（出示体能环）送到对面的篮筐里，原路跑回。"

教师提醒幼儿注意安全和遵守游戏规则。

2. 学习阶段

（1）情境创设

小马过河。

（2）材料投放

溜溜布、雪糕筒若干、音乐。

（3）基本玩法

请助教老师一起将溜溜布拉直，将幼儿分成4组，站在起点处做好准备。

师："小马回家的时候遇到了一条大河，必须停下来观察怎么过河。"

教师提醒幼儿，教师如果使劲抖动溜溜布，跨跳就要力度大些或等等再跳；教师如果轻轻抖动溜溜布，河流平静下来，就要快速跨过河流，跑回家。

3. 提升阶段

（1）情境创设

小马回家。

（2）材料投放

折叠垫4块。

（3）基本玩法

助教老师扮演老虎，教师将折叠垫布置在场地的四个角落，当成四个躲避区。

师："小马在场地中间自由玩耍，突然老虎跑了出来。这时小马要快速跑回四周的家。当老虎回去了，小马又可以出来活动了。"

教师提醒幼儿四散跑时看准方向，不扎堆跑，保持距离。

（三）结束部分

师："小马认真学本领，遇到困难也不怕，你们太棒了！我们一起放松身体，拍拍腿，揉揉肩。"

教师带领幼儿进行放松活动，收拾器械回班。

（四）活动延伸

在小马送货游戏中，除了提供体能环，还可以提供小球、瓶子、报纸、纸球、纸盒等材料充当货物，提高幼儿积极性，增加游戏的趣味性。

小鸡送信（中班）

广州市花都区保利水晶幼儿园　徐紫明

【活动目标】

1. 喜欢跑步游戏，体验和同伴游戏的乐趣。
2. 遵守游戏规则，探索躲闪跑的方法。
3. 能在快跑过程中改变方向和速度，灵活躲避大灰狼的抓捕。

【活动准备】

鼓、小动物信箱4个、信封若干、4个放足球的空架子、足球若干、篮筐4个、雪糕筒若干、爬行垫8块、沙包若干、标志碟若干。

【动作发展】

基本动作：跑。

动作拓展：变速跑、快速跑、接力跑、障碍跑、合作跑、躲避跑、四散追逐跑。

【活动过程】

（一）准备部分

1. 热身律动

教师带领幼儿跟随音乐进行热身律动。

2. 热身游戏

（1）情境创设

小鸡听鼓。

（2）材料投放

鼓。

（3）基本玩法

师："小鸡真听话，鼓声一响就跑动起来。鼓声越快，小鸡就跑得越快。鼓声放慢时，小鸡就跑得慢下来。"

教师提醒幼儿警觉地听鼓声跑动，注意力要集中。

（二）基本部分

1. 探索阶段

（1）情境创设

小鸡送信。

（2）材料投放

小动物信箱4个、信封若干、标志碟若干。

（3）基本玩法

将幼儿分成4组，设置起点和终点。每组终点处放贴有小动物头像的信箱，起点处放装有信封的篮筐。

师："鸡妈妈邀请小动物来聚会，请小鸡用最快的方式把信都送出去。如果途中遇到石头要绕开。"

音乐开始，幼儿快速拿起信封送到对应的小动物的信箱，然后返回与下一名幼儿接力。

可在途中投放若干标志碟作为障碍物，鼓励幼儿灵活绕开。

2. 学习阶段

（1）情境创设

小鸡送货。

（2）材料投放

4个放足球的空货架子、足球若干、篮筐4个、雪糕筒若干。

（3）基本玩法

在前一个游戏玩法的基础上，增加足球和货架。

师："鸡妈妈觉得小鸡们送信又快又好，现在想请小鸡帮忙送足球到货架处，看看哪只小鸡送得又快又多。"

音乐开始，幼儿抱起足球跑到终点，把足球放在终点货架处。

可在途中放置5个雪糕筒，请幼儿绕过雪糕筒运球到终点。为提升合作能力，还可以让幼儿两人合作拉手跑步送足球。

3. 提升阶段

（1）情境创设

躲避大灰狼。

（2）材料投放

爬行垫8块、沙包若干、标志碟若干。

（3）基本玩法

在场地四个角落用折叠垫立起来做成"小鸡的家"，在场地中央放置沙包若干，用作小鸡的"食物"。

一名帮助老师扮演大灰狼。

师："小鸡送完货物好饿呀，现在跟随鸡妈妈出去找东西吃。当小鸡看到大灰狼来了时，要马上跑回家躲避，保护好自己和食物。"

沙包当作小鸡的食物，音乐响起，小鸡找食物（捡起沙包）。当看到大灰狼出来了时，马上灵活躲避跑回家。

教师提醒幼儿在追逐跑时做好双臂胸前保护动作，避免碰撞。

（三）结束部分

师："你们完成了送信的任务，克服了困难，都很出色。我们一起在草地上好好休息一下，按按腿，按按手，捶捶背，给自己做个按摩吧。"

放松后,一起收拾玩具回班。

(四)活动延伸

可以增加一些折叠垫,搭建成迷宫,让幼儿在躲避的时候,可以跑进迷宫,这样,游戏会更加刺激有趣。

小猴子历险记（大班）

广州市花都区保利水晶幼儿园　徐紫明

【活动目标】

1. 喜欢玩跑步游戏，勇敢克服困难。
2. 探索躲避障碍物的跑步方法。
3. 能灵活地躲闪跑，机智地躲开大黑熊的各种追捕。

【活动准备】

标志碟若干、泡沫棒4根、折叠垫若干、海绵球若干、篮筐8个。

【动作发展】

基本动作：跑。

动作拓展：慢跑、快跑、变速跑、躲避跑、竞速跑、接力跑。

【活动过程】

（一）准备部分

1. 热身律动

教师带领幼儿跟随音乐进行热身律动。

2. 热身游戏

（1）情境创设

小猴子变化多。

（2）基本玩法

师："小猴子可以变幻成各种动物奔跑，我们先来想想小鸡怎么跑，大象怎么跑，小马怎么跑。"

教师以快、慢不同的速度节奏带领幼儿跑步，形象地模仿多种动物的奔跑方式，激发幼儿跑步的兴趣。

（二）基本部分

1. 探索阶段

（1）情境创设

小猴子觅食。

（2）材料投放

折叠垫多块、标志碟若干。

（3）基本玩法

教师在场地四个角落设置多个折叠垫充当山洞，在场地中央放置间隔不一的标志碟，充当食物。幼儿扮演小猴子，教师扮演大黑熊。

师："小猴子来到森林里寻找食物，食物就是标志碟，在这里可以自由地跑动。当大黑熊出现时，小猴子要快速跑进四周的山洞里保护自己。"

教师提醒幼儿大黑熊一开始会走得很慢，不用惊慌。在四散跑时，幼儿之间要保持距离，看准路线，做好自我保护，不要相撞。

2. 学习阶段

（1）情境创设

智斗大黑熊。

（2）材料投放

4根泡沫棒、食物（海绵球）4筐。

（3）基本玩法

幼儿分为4组在起点做好准备，教师扮演的大黑熊手上拿两根长泡沫棒，假装要在场地中间拦截幼儿。

师："前面有大黑熊拦路，它有两只长长的手臂，你们可别被它抓住。记得跑到终点后把食物（海绵球）拿回来放在筐里，下一名队员才可以出发。"

教师提醒幼儿改变跑步的方向和速度，也可让大黑熊放慢抓捕速度，降低难度。

3. 提升阶段

（1）情境创设

小猴子成功回家。

（2）材料投放

折叠垫若干、4根泡沫棒。

（3）基本玩法

教师准备一些折叠垫挡在路中间，把路变得狭窄，并留有几个通道。幼儿扮演小猴子，两名教师扮演大黑熊。

师："小猴子吃饱了，想要回家，但是还要经过几条狭窄的小路。这时，路上大黑熊又出现了，小猴子要怎样灵活躲避跑回家？"

教师提醒幼儿机警地面对困难，灵活躲避，反应要快。

（三）结束部分

师："小猴子经过不懈努力，顺利回到了家。我们一起坐在草地上晒太阳，伸伸腰，拍拍腿，抖抖脚……"

（四）活动延伸

在智斗大黑熊的游戏中，可以让两只黑熊在路中间拉一根长绳子，假装要把小猴子拦住，可高可低，小猴子要看准时机跑过。

第四节　跳跃类体育教学活动设计

小兔摘果（小班）

清远市清城区第一幼儿园　彭荔

【活动目标】

1. 喜爱跳跃游戏，感受游戏的乐趣。
2. 遵守游戏规则，探索双脚向前跳、跨跳的方法。
3. 能双脚连续向前跳、跨跳，助跑摸高。

【活动准备】

水果图片40张、雪糕筒4个、8米长的绳子1根、呼啦圈8个、跨栏20个。

【动作发展】

基本动作：跳跃。

动作拓展：双脚连续跳、跨跳、向上跳。

【活动过程】

（一）准备部分

1. 热身律动

教师带领幼儿跟随音乐进行热身律动。

2. 热身游戏

（1）情境创设

小兔子真会跳。

（2）基本玩法

师："小兔子最会跳，而且和别人跳的方法不一样，我们来找舒服的位置，看看谁跳得最特别。"

教师引导幼儿开动脑筋，可以尝试连续跳、单脚跳、跨跳、倒后跳、转圈跳、跳得高等。

（二）基本部分

1. 探索阶段

（1）情境创设

小兔玩耍。

（2）材料投放

大灰狼面具。

（3）基本玩法

教师带领幼儿来到大操场，戴上大灰狼面具，扮演大灰狼。

师："今天的天气很适合户外运动，我们一起跳一跳吧。如果听到'大灰狼来啦'，就要迅速跳回起点。"

教师根据幼儿的跳跃水平，逐渐增加跳跃的时长和路程。提醒幼儿保持身体平衡，注意安全。

2. 学习阶段

（1）情境创设

小兔过水沟。

（2）材料投放

泡沫积木16块。

（3）基本玩法

幼儿分成4队，每队前方摆放4块泡沫积木当作小水沟。

师："今天，兔妈妈带大家到果园去摘果子，去果园的路上有几条小水沟。小兔子要跳过这些小水沟才能到达果园，我们先来学一学怎样跳过小水沟的本领，好吗？"

教师注意指导幼儿双脚连续向前跳，请幼儿进行示范。

3. 提升阶段

（1）情境创设

小兔摘果。

（2）材料投放

长绳子、水果图片、小篮子4个。

（3）基本玩法

教师将绳子绑在两根柱子之间，挂上水果图片，离地面高度约1.2米，将幼儿分成4队做好准备。

师："小兔子们来到果园了，一起去摘果吧。可是果树比较高，我们需要跳起来才能摘到果子，看看谁摘到的果子最多。"

教师提醒幼儿相互参考向上跳的动作，指导幼儿自然摆臂的动作。

（三）结束部分

师："今天小兔子是怎样经过小河的呢？小兔子摘到了多少水果？是用什么方法摘到的呢？"

教师带领幼儿跟随轻音乐轻拍小腿、大腿，并和好朋友相互合作，放松一下。

(四)活动延伸

在摘水果的过程中,可适当增加"水果"的高度,提升助跑摸高能力。提供一些辅助材料和道具,让幼儿拿在手上进行跳起摸高,增加游戏的趣味性。

小青蛙搬食物（中班）

清远市清城区第一幼儿园　彭荔

【活动目标】

1. 喜爱跳跃游戏，培养良好的运动心态。
2. 理解游戏规则，探索双脚连续跳和障碍跳的方法。
3. 能协调摆臂跳过一定高度的障碍物，并可以连续跳过障碍物。

【活动准备】

拱门4个、雪糕筒4个、泡沫积木16块、小篮子4个、纸球48个。

【动作发展】

基本动作：跳跃。

动作拓展：双脚连续跳、障碍跳、单脚跳、单脚连续向前跳。

【活动过程】

（一）准备部分

热身律动：跟随音乐节奏，一起做热身律动操。

（二）基本部分

1. 探索阶段

（1）情境创设

小青蛙捉害虫。

（2）材料投放

呼啦圈、害虫（纸球）、小篮子4个。

（3）基本玩法

教师先将害虫（纸球）藏于操场周边的地方，如大树后、草丛中。将幼儿分成4组，每组前放一个篮子。

师："树爷爷告诉我，树林里有很多害虫，听说小青蛙是捉害虫的小能手，想请你们帮忙捉害虫。害虫喜欢藏在大树后面和草丛里，小青蛙们到树林里找一找，把害虫捉回来，放到篮子里吧。"

教师要提醒幼儿跳跃时变换身体姿态，协调用力。还可以跳跳、停停，动静结合，持续运动。

2. 学习阶段

（1）情境创设

小青蛙搬食物。

（2）材料投放

泡沫积木16块、纸球24个、音乐。

（3）基本玩法

教师将纸球分成4份，分别放到各组的终点。在每组幼儿起点位置摆放4块泡沫积木，为幼儿障碍跳做准备。

师："害虫都捉到了，小青蛙真厉害。现在我们需要把捉到的害虫运回家。大家要连续跳过障碍（泡沫积木），拿到食物绕过小石块跑回来。"

教师提醒幼儿坚持连续跳过积木，拿到纸球后，可用灵活的小脚将球踢回起点。注意返回时要绕过积木回到起点。

3. 提升阶段

（1）情境创设

不怕困难的小青蛙。

（2）材料投放

音乐、音响、拱门、泡沫积木32块、纸球24个。

（3）基本玩法

与前一个游戏场景一致，教师将泡沫积木加高，提高幼儿跳高的能力。

师："小青蛙们，路上出现了高高的大石块，大家要跳得更高才行。最先将害虫（纸球）运回家就算是胜利。"

教师在原有积木上增加1块泡沫积木，增加跳跃的高度，提醒幼儿跳跃时要自然摆臂，保持平衡。

（三）结束部分

师："今天小青蛙捉害虫、搬运食物，跳跃技能都非常棒。让我们一起拍拍腿，做深呼吸，放松一下吧。"

教师带领幼儿跟随轻音乐放松身心，收拾玩具回班。

（四）活动延伸

在活动中，可以在幼儿搬运食物的过程中设置一些变化的或者是固定的障碍物。变化的障碍物能够与幼儿产生有趣的互动，如抖动的绳子、摇摆的海绵棒、滚动的小球等。

小松鼠摘松果（大班）

清远市清城区第一幼儿园　彭荔

【活动目标】

1. 喜爱跳跃游戏，敢于挑战游戏难度。
2. 理解游戏规则，初步了解从高处向下跳的方式。
3. 能从高处安全跳下，落地时，屈膝缓冲。

【活动准备】

长竹子1根、跨栏10个、长跳绳1根、桌子4张、地垫4块、呼啦圈4个。

【动作发展】

基本动作：跳跃。

动作拓展：跑、跳、迈腿、下蹲、趴下、转身、支撑、向上跳、高处跳下、屈膝缓冲。

【活动过程】

（一）准备部分

1. 热身律动

跟随音乐节奏，一起做热身律动操。

2. 热身游戏

（1）情境创设

小松鼠真会玩。

（2）基本玩法

师："小松鼠出来玩游戏，跟老师一起说'小松鼠真爱玩，摸摸这儿，摸摸那儿，摸摸大树跑回来'。"

教师通过儿歌的形式，激发幼儿的兴趣。在教师的指引下，幼儿可以不断熟悉相关场地器械和材料。

（二）基本部分

1. 探索阶段

（1）情境创设

灵敏的小松鼠。

（2）材料投放

长竹子1根。

（3）基本玩法

幼儿围成一个大圈，教师站在圈内。教师挥动着长竹子，幼儿通过跳跃或下蹲的方式灵敏地躲过长竹子。

师："听说小松鼠都是很灵活的，现在我想和你们一起玩个游戏，看看是不是每只小松鼠都那么灵活。"

教师用长竹子缓慢地扫过幼儿站立的上下空间，考验幼儿的跳跃和反应能力。根据幼儿的反应，不断调整挥动的速度和高度。

2. 学习阶段

（1）情境创设

看谁跳得稳。

（2）材料投放

桌子4张、呼啦圈4个。

（3）基本玩法

将幼儿分成4组，每组队伍前放好桌子，幼儿做好从高处跳下的准备。

师："松果成熟了。松果长在高高的树上，小松鼠要跳到高处才能摘到松果。小松鼠要先练习跳跃的本领。但是要记得落地时屈膝缓冲。"

教师根据幼儿的能力，在桌子前方放4个呼啦圈，让幼儿向下跳进圈内。要提醒幼儿看准呼啦圈的位置再跳，注意安全，平稳着地。

3. 提升阶段

（1）情境创设

小松鼠摘松果。

（2）材料投放

桌子4张、小松果图片20张、长竹子1根。

（3）基本玩法

在前一个游戏的基础上，增加松果图片，保证幼儿从高处跳下能摘到松果。

师："山上的松果成熟了，可以摘松果啦。我们来比赛摘松果，但是山上风大，会把竹子吹下来，小松鼠要注意避让，不要被长竹子打到。"

教师鼓励幼儿自主选择从高处向下跳的动作及姿势。教师根据幼儿的实际运动量，决定游戏的次数。可适当增加长竹子出现的次数，以多变、随机的互动，激发幼儿的兴趣。

（三）结束部分

师："今天小松鼠都很勇敢地从高处向下跳，还成功躲避了山上飞下来的竹子，摘到了松果。让我们一起拍拍腿，放松一下吧。"

（四）活动延伸

为提升游戏难度，教师可把呼啦圈位置调得更远一些，或用一些泡沫砖把呼啦圈悬空架起来，增加跳跃的难度。

第五节 定向类体育教学活动设计

快乐寻宝（小班）

中共广州市委员会机关幼儿园　郭桂明

【活动目标】

1. 喜爱走、跑类游戏，感受游戏成功的喜悦。
2. 遵守游戏规则，掌握盖印章的方法。
3. 能持续远足，收集不同的印章，发现和记住印章的位置。

【活动准备】

任务卡30张、印有数字1~3的点标旗15个、1~3的印章15个、大操场（水平单一区域）、酒精喷雾1瓶、抹布1块。

用绳子将印章挂在点标旗下，数字号码要对应（如1号印章对应1号点标旗）。

环境创设：将点标旗分散挂在活动场地内幼儿容易发现的地方，如大滑梯、篮球架、花坛、大树等多个位置。

【动作发展】

基本动作：走、跑。

动作拓展：快跑、慢跑、下蹲、跨、钻、举、跳跃等。

【活动过程】

（一）准备部分

1. 热身律动

跟随音乐节奏，一起做热身律动操。

2. 热身游戏

（1）情境创设

小兔子爱发现。

（2）材料投放

点标旗、印章。

（3）基本玩法

教师说出活动场地范围，引导幼儿寻找点标旗。

师："小兔子你们看，我发现滑梯下挂着一个橙色大灯笼。我们快去找找大操场哪里还有，出发吧。"

幼儿自主出发探索寻找，听哨声集合。师幼互动分享认识点标旗以及印章。

（二）基本部分

1. 探索阶段

（1）情境创设

小兔子找印章。

（2）材料投放

点标旗、印章、任务卡。

（3）基本玩法

教师提前将印有1~3数字的点标旗藏在不同的位置。开始时，拿出任务卡，告知幼儿定向寻宝的游戏玩法。

师："小白兔找到大灯笼，拿起大灯笼下面的小印章，不管是什么数字，只要拿起小印章轻轻印在卡片上的格子里，把全部格子盖满，就算完成任务。"

游戏初期，教师多鼓励幼儿尝试，积极参加。要求可以略微降低，如印章是否清晰、印章是否印在格子里等，让幼儿先熟悉常规操作。

助教老师将已完成的任务卡用酒精喷雾喷洒，用抹布擦掉印章油墨，保证任务卡数量充足，继续使用。

2. 学习阶段

（1）情境创设

寻找数字1。

（2）材料投放

点标旗、印章、任务卡。

（3）基本玩法

在游戏场地内，将任务卡给幼儿，让幼儿找到数字1，并盖上印章。

师："这次的任务是要求我们再去收集数字是1的小印章，并且自己动手，清晰地盖在三个格子里，大家再去试一试吧。"

要求幼儿将印章清晰地盖在格子里，对于操作不正确的幼儿，鼓励多尝试，完成后换取新的任务卡继续出发。

助教老师将已完成的任务卡用酒精喷雾喷洒，并用抹布擦掉印章油墨，保证任务卡数量充足。

3. 提升阶段

（1）情境创设

寻找数字1，2，3。

（2）材料投放

点标旗、印章、任务卡。

（3）基本玩法

在游戏场地内，将任务卡给幼儿，让幼儿寻找数字1，2，3，并将印章分别盖在格子里。

师："小兔子们太棒了，接下来我们再去收集3个不同的小印章，分别是数字1，2，3，要把这3个数字分别盖在3个格子里才算完成任务。挑战成功我们就可以换红萝卜，快出发吧。"

幼儿收集3个数字印章算通过，完成后可换取新的任务卡继续挑战。

助教老师将已完成的任务卡用酒精喷雾喷洒，用抹布擦掉印章油墨，保证任务卡数量充足。

（三）结束部分

师："小兔子经过不懈努力，克服了各种困难，终于把场地内的宝藏都找到了。小兔子们太棒了，我们一起坐在草地（垫子）上晒太阳，伸伸懒腰，拍拍腿，抖抖脚，一起拿着换来的红萝卜吃起来。真香，收拾好玩具，回家了。"

（四）活动延伸

将点标旗和印章换成储物箱，让幼儿将混色的波波球分颜色进行快递，将相同颜色的波波球放到对应的储物箱内，激发幼儿往返跑的兴趣，增加游戏趣味性，调动幼儿参与的积极性。

聪明的小猴子（中班）

中共广州市委员会机关幼儿园　郭桂明

【活动目标】

1. 喜爱走、跑游戏，敢于挑战新难度。
2. 遵守游戏规则，发现环境的变化。
3. 能持续快跑，找到点标旗具体的方位，说出具体位置点标旗的数字。

【活动准备】

任务卡1、任务卡2、任务卡3各30张，印有数字1~10的点标旗10个、1~10数字印章10个、风雨操场+大操场（水平联合区域）、酒精喷雾1瓶、抹布1块、篮子3个。

教师用绳子将印章挂在点标旗下，数字号码对应（如1号印章对应1号点标旗）。

环境创设：将点标旗分散挂在活动场地较为隐蔽，需要幼儿钻、爬才能收集印章的地方，如大滑梯下、树屋后、大型玩具后、钻网里等位置。

【动作发展】

基本动作：走、跑。

动作拓展：快跑、慢跑、下蹲、跨、钻、举、跳跃等。

【活动过程】

（一）准备部分

1. 热身律动

跟随音乐节奏，一起做热身律动操。

2. 热身游戏

（1）情境创设

火眼金睛。

（2）材料投放

点标旗。

（3）基本玩法

教师指出活动场地范围，引导幼儿寻找点标旗。

师："聪明的小猴子有一双大大的火眼金睛，很会找东西。牛魔王把我的点标旗藏在大操场和风雨操场的某些地方，小猴子来帮我找一找，看看究竟藏在哪里了。"

幼儿根据老师提出的活动范围（风雨操场+大操场）找出点标旗的位置，并记住具体方位。

（二）基本部分

1. 探索阶段

（1）情境创设

能干的小猴子。

（2）材料投放

点标旗、印章、任务卡1。

（3）基本玩法

在游戏场地内收集6个不同的数字印章。

师："小猴子真能干，牛魔王说只要闯关胜利，就会把点标旗还给我们。我们先开始第一关，要在任务卡上收集6个不同数字的印章。这一关肯定难不倒你们,大家赶快出发吧。"

教师将任务卡发给幼儿,让幼儿自主出发寻找。幼儿完成任务后,将任务卡放回篮子,取新的任务卡继续收集。

2. 学习阶段

(1)情境创设

机灵的小猴子。

(2)材料投放

点标旗、印章、任务卡2。

(3)基本玩法

在游戏场地内收集8个不同数字的印章。

师:"小猴子太棒了,第一关挑战成功。我们继续挑战第二关,这一次要收集8个不同数字的印章。聪明的小猴子很会观察,会找人少的地方收集印章,这样收集的速度就更快了,出发吧。"

教师鼓励幼儿去人较少的点标旗位置收集印章。

经过两轮的练习,大部分幼儿能记住具体点标旗的位置。

3. 提升阶段

(1)情境创设

聪明的小猴子。

(2)材料投放

点标旗、印章、任务卡3。

(3)基本玩法

在游戏场地内,根据任务卡提示的3个数字找出对应的3个数字印章,并在对应数字的格子内盖章,再收集3个与卡片提示数字不同的数字。

师:"最后一关来了,只要完成,我们就可以取回点标旗。找出3个提示数字的印章,再收集3个与提示数字不同的印章,我们继续闯关吧。"

教师介绍游戏规则并示范,幼儿自主取卡出发。

（三）结束部分

游戏结束后，猴大王集中小猴子提问：具体数字印章在哪个方位？能否指出方向和位置？

教师带领幼儿跟随轻音乐放松身心，收器械回班。

（四）活动延伸

在游戏中，可以将两个户外场地联合在一起使用。为了加大走、跑的距离，提升运动量，可以就近使用室内游戏城、功能室等。

任务卡1

玩法：在游戏场地内找到6个不同数字的印章。

任务卡2

玩法：在游戏场地内找出8个不同数字的印章。

任务卡3

①	②	③

玩法：在游戏场地内，根据提示的数字找出3个对应的数字印章，再找与提示数字不同的3个印章。

寻宝大闯关（大班）

中共广州市委员会机关幼儿园　郭桂明

【活动目标】

1. 喜爱走、跑游戏，敢于挑战更高难度。
2. 遵守游戏规则，善于发现，敢于提问，懂得分享。
3. 能持续快跑，找到场地内点标旗的位置。

【活动准备】

任务卡1、任务卡2、任务卡3、任务卡4各30张，印有数字1～10的点标旗10个、1～10数字印章10个、风雨操场、大操场、大滑梯、酒精喷雾1瓶、抹布1块。

教师用绳子将印章挂在点标旗下，数字号码对应（如1号印章对应1号点标旗）。

环境创设：将点标旗分散挂在活动场地较为隐蔽，需要幼儿钻、攀爬才能收集印章的地方，如大滑梯上、树屋里、大型玩具后、钻网里等位置。

【动作发展】

基本动作：走、跑。
动作拓展：快跑、慢跑、下蹲、跨、钻、举、转身、跳跃等。

【活动过程】

（一）准备部分

1. 热身律动

跟随音乐节奏，一起做热身律动操。

2. 热身游戏

（1）情境创设

宝藏在哪里？

（2）材料投放

风雨操场、大操场、点标旗、印章、任务卡2。

（3）基本玩法

在游戏场地内收集8个不同数字的印章。

师："今天我的10个宝藏印章分别藏在风雨操场和大操场，看看谁能最快找到8个不同数字的印章，回来告诉我具体的方向和位置。"

（二）基本部分

1. 探索阶段

（1）情境创设

看谁找的不一样。

（2）材料投放

风雨操场、大操场、任务卡3、点标旗、印章。

（3）基本玩法

师："刚才你们找得很快，非常棒。现在我们又有两个任务要去完成。首先要根据任务卡提示中的3个数字，快速跑动寻找对应的3个数字印章。找到后，将印章盖在对应数字的格子里。然后寻找3个与卡片提示数字不同的其他数字印章。"

幼儿在规定的场地中自主选取任务卡并出发寻找。收集完成后放回到篮子，然后拿一张新的任务卡再玩一次。

2. 学习阶段

（1）情境创设

9号印章在哪里？

（2）材料投放

风雨操场、大操场、大滑梯、任务卡4、点标旗、印章。

（3）基本玩法

幼儿根据任务卡上提示的4个数字，出发去寻找对应的数字印章，并在对应数字的格子里盖章。幼儿自己动手盖好章后，再去寻找4个不同的数字印章。

师："小朋友们，这一关很有趣，有一个印章被我藏在很隐蔽的地方了，需要你们仔细寻找。究竟是哪一个印章呢？快去找找吧。"

教师可提前将9号点标旗挂到幼儿园的滑梯上，作为隐蔽的印章。

3. 提升阶段

（1）情境创设

寻宝大比拼。

（2）材料投放

任务卡1、任务卡2、任务卡3、任务卡4、点标旗、印章。

（3）基本玩法

比一比谁完成的任务卡最多。

师："你们要想成为宝藏王，就要拥有很多任务卡。接下来我们就比一比，看谁才是真正的宝藏王。你们每次自选一张任务卡出发，收集好印章后再取新的卡，完成的任务卡要自己保管好。等所有任务卡完成后，咱们比一比谁的任务卡最多，拥有最多任务卡的就是宝藏王。"

教师将所有任务卡放在一个篮子里，请幼儿自主抽取，然后让幼儿按卡片指示去寻找印章。

（三）结束部分

师："今天我们最终评选出了宝藏王，请他来跟大家分享一下他是如何收集到这么多宝藏的。"

教师带领幼儿跟随轻音乐放松身心，收器械回班。

（四）活动延伸

寻宝游戏适合在全园混龄体育活动、区域体育活动中开展，将幼儿园的场地空间最大化利用。在活动中，也需要其他助教老师的配合和协助，保证每一处探索空间都在教师的视线范围内，保证幼儿的安全。

任务卡1

玩法：在游戏场地内找到6个不同数字的印章。

任务卡2

玩法：在游戏场地内找出8个不同数字的印章。

任务卡3

①	②	③

玩法：在游戏场地内，根据提示的数字找出3个对应的数字印章，再找与提示数字不同的3个印章。

任务卡4

⑤	⑩	④	⑨

玩法：在游戏场地内，根据提示的数字找出4个对应的数字印章，再找与提示数字不同的4个印章。

第六节 牵拉类体育教学活动设计

溜溜布作用大（小班）

广州市第二幼儿园 陈苍

【活动目标】

1. 关心小动物，积极享受集体游戏的快乐。
2. 了解长短、宽窄、快慢，知道合作。
3. 练习上举、摆手、牵拉等动作，能成功用溜溜布拉运物。

【活动准备】

不同颜色相同长度的溜溜布5块（宽1.2米，长10米）、动物公仔5个、软海绵球20个。

【动作发展】

基本动作：拉。

动作拓展：摸、跑、举、抓握、抖、上举、左右手交替回拉、抛。

【活动过程】

（一）开始部分

1. 热身律动

幼儿跟着教师一起做热身律动操。

2. 热身游戏

（1）情境创设

认识溜溜布。

（2）材料投放

溜溜布（宽1.2米，长10米）。

（3）基本玩法

师："我今天带来了一个新朋友给你们认识，看看溜溜布是什么样的。"

教师带领幼儿观察溜溜布，让幼儿摸一摸，绕溜溜布四周慢跑，不能踩到布；请女孩子一起把溜溜布拉起来变成一个"隧道"，让男孩子依次从溜溜布下面快速跑过。

（二）基本部分

1. 探索阶段

（1）情境创设

多变的溜溜布。

（2）材料投放

溜溜布（宽1.2米，长10米）。

（3）基本玩法

全体幼儿站在溜溜布四周，手心朝上抓住展开的溜溜布，使其变成一条"小河"。微风吹过，河面起了小小的波浪，幼儿轻轻抖溜溜布。大风吹过，幼儿手臂上下抖溜溜布。

师："天突然下雨了，没有伞，怎么办？一组幼儿把溜溜布举过头顶当成伞，另一组幼儿躲在下面，慢慢走动通过。"

2. 学习阶段

（1）情境创设

拉布回家。

（2）材料投放

不同颜色相同长度的溜溜布5块、海绵球。

（3）基本玩法

把5块溜溜布展开平铺在地上，幼儿分组站在溜溜布一端的两边，分工合作：前面的幼儿拉布，后面的幼儿整理。

师："溜溜布要回家时我们要一起帮忙。接下来我们试试吧。听到口令后，原地双手交替把溜溜布拉回，看哪一组收得最整齐、最快。"

可以组织小组比赛，也可在溜溜布另一端放上一个海绵球，提醒幼儿收回时不能太快，海绵球掉落，表示任务失败。

3. 提升阶段

（1）情境创设

运送小动物。

（2）材料投放

动物公仔5个、不同颜色相同长度的溜溜布5块、波波球若干。

（3）基本玩法

在前一个游戏的基础上，每块溜溜布的另一端各放一个动物公仔。

师："小动物在外面玩累了，走不动了，咱们要把小动物送回家，把溜溜布当传送带，把远处的小动物拉回来吧。"

教师提醒幼儿拉溜溜布的力度，可提供不同大小和重量的道具，激发幼儿运动的兴趣。

（三）结束部分

师："今天我们认识了溜溜布这个好朋友，它的作用可真大，让我们把小动物安全送回了家。小动物请我们一起坐在溜溜布上放松一下，吃点水果，好开心呀！"

教师带领幼儿放松手臂，按摩身体，整理器材，活动结束。

（四）活动延伸

在幼儿兴趣减弱时，可通过情境变化来调动幼儿的积极性。例如，幼儿一起骑在溜溜布上，可以说是玩"骑溜溜马"的游戏。

小猴真有力（中班）

广州市第二幼儿园　陈苍

【活动目标】

1. 敢于挑战，积极感受团队合作和运动的快乐。
2. 探索用绳子玩游戏，体验多种悬垂、牵拉动作。
3. 能在绳子上双手悬垂，会合作，用绳子牵拉物体。

【活动准备】

长20米直径2厘米的麻绳、小平衡木（20厘米宽、1.5米长）、大轮胎4个、稳定的柱子、四轮滑板若干。

【动作发展】

基本动作：悬吊、牵拉。

动作拓展：各种姿势跑、肢体动作模仿、吊、拉、持物移动、持物侧移、悬吊、牵拉、负重牵拉。

【活动过程】

（一）开始部分

1. 热身律动

听音乐做拉伸运动，重点活动上肢肩关节、腕关节。

2. 热身游戏

（1）情境创设

小猴子开飞机。

（2）基本玩法

师："小猴子们，咱们一起开飞机吧。飞行时，拉开间距，低空滑行，屈膝慢跑，直线加速，逐渐跑快、转弯等。"

指导幼儿调整呼吸，找宽松位置跑，不断改变跑步的姿态。

（二）基本部分

1. 探索阶段

（1）情境创设

玩吊绳。

（2）材料投放

20米长的麻绳1根、间隔5米左右的柱子2根。

（3）基本玩法

将绳子固定在柱子两端并拉紧，调整绳子离地距离在50厘米～1.2米，具体看情况调整。

师："今天小猴子来到了森林，树上绑了些绳子，小猴子可以试试抓着绳子来探索吊、拉等玩法，看看谁的办法又多又安全。"

教师鼓励幼儿多与绳子互动，发挥想象力，改变悬吊、牵拉的方法。

2. 学习阶段

（1）情境创设

玩绳圈。

（2）材料投放

20米长的麻绳。

（3）基本玩法

将20米的长绳子做成大绳圈，请幼儿围着绳圈站好。

师："小猴子一起拉起绳子，准备把'气球'变得大大的，拉紧了，向后退，看看'气球'有多大。"

教师提醒幼儿双手胸前握绳，注意移动速度，还可以让"大气球"朝指定方向移动，转圈，进行团队配合。

3. 提升阶段

（1）情境创设

拉货车。

（2）材料投放

麻绳、轮胎。

（3）基本玩法

将一些麻绳提前绑在轮胎上，制成"人力小货车"。

师："农民伯伯丰收了，小猴子要帮忙收粮食。可以两人合作拉着小车收粮食，粮食也会逐渐增多，看你们能不能合作收回粮食。"

教师提醒幼儿拉轮胎时要探索比较容易发力的姿势，积累牵拉经验。

（三）结束部分

师："小猴子很热心，帮助农民伯伯收了好多粮食。小猴子为什么能拉动很重的东西？"

"因为手臂有力气。"

放松身心，活动结束。

（四）活动延伸

常见的溜溜布、跳绳等材料，只要设计合理，都可以用来玩牵拉类游戏，帮助提升幼儿上肢力量。

机灵的猴子(大班)

广州市第二幼儿园　陈苍

【活动目标】

1. 喜欢悬垂,敢于挑战困难,感受游戏的快乐,增强自信心。
2. 遵守游戏规则,探索悬垂动作,能安全上下单杠。
3. 能悬垂10秒以上,能抓住绳子悬垂,悬垂时左右移动,或将腿抬高躲开来球。

【活动准备】

单杠,大、小体操垫,跳高垫,桌子,粗绳子,大龙球。

【动作发展】

基本动作:悬垂。

动作拓展:跑、爬、钻、跨跳、拉绳子、抓、悬吊、摆荡、跳。

【活动过程】

(一)开始部分

1. 热身律动

教师带领幼儿跟随音乐做热身律动操。

2. 热身游戏

（1）情境创设

猴子下山。

（2）材料投放

单杠、系了绳子的单杠、垫子。

（3）基本玩法

师："小猴子们，咱们下山去玩了，先到草地上玩一玩，大家跟着我一起出发吧。"

教师组织幼儿一起模仿猴子，来到大操场，先在体操垫上爬行，然后走上厚垫子，在垫子上来个侧滚翻，在地上玩一下跨跳和原地旋转。"小猴子"表现出很灵活的样子。

（二）基本部分

1. 探索阶段

（1）情境创设

猴子吊单杠。

（2）材料投放

单杠、系了绳子的单杠、垫子。

（3）基本玩法

教师将单杠在操场上摆放好，单杠下面铺体操垫，让幼儿自主找单杠尝试双手抓握悬垂，探索单杠悬垂的方法。

师："今天小猴子来到了单杠公园，这里有很多不同高度的单杠，大家来试试看，看谁可以悬吊得最久。"

教师提醒幼儿选择适合自己的高度，探索如何抓得紧，坚持得久。如果够不到单杠，可以踩在小凳子上再抓住单杠。

2. 学习阶段

（1）情境创设

猴子荡绳转。

（2）材料投放

将3根绳子绑在单杠上，垂下来，绳子规格以适合幼儿抓握为宜。

（3）基本玩法

教师先将绳子在单杠上绑紧了，保证绳子的安全稳定，下面铺垫子。

师："单杠上垂下来几根绳子，小猴子要抓着绳子悬吊，原地打转，用力抓紧绳子，让身体悬空转起来。非常好玩，看看谁能做到。"

教师提醒幼儿在悬空转动之前，先握着绳子原地转几圈，然后悬吊，通过惯性让自己转起来。

3. 提升阶段

（1）情境创设

山石来啦！

（2）材料投放

单杠、系了绳子的单杠（打横摆放）、垫子、大龙球2个。

（3）基本玩法

教师拿着一个大龙球，从单杠下面滚过去，让幼儿留意大球滚动的轨迹。

师："山上的大石头滚下来了，大家在悬垂的时候要躲开，可以把腿抬高，也可以移到另外一侧，要想办法躲避。"

教师推着大龙球在场内走来走去，将球滚向幼儿之前，要有指向性地告诉幼儿，让他做好准备。

（三）结束部分

师："小猴子们真棒，不但能抓着单杠悬吊很久，还可以躲避山上的大石头。让我们一起放松一下手臂，相互捏一捏肩膀，捶捶背。咱们一起把器械送回去吧。"

整理归还器械，活动结束。

（四）活动延伸

安全适宜的器材和场地可以让幼儿自由尽兴地探索悬垂动作。在单杠下面摆放一些垫脚的材料，为上肢力量弱的幼儿提供帮助。另外可增加悬吊的梯子，也可以为悬垂练习提供多样性支持。

第二章

灵敏、协调类体育教学活动设计

第一节　钻爬类体育教学活动设计

小刺猬采果子（小班）

湛江市第二幼儿园　陈伯美

【活动目标】

1. 感受钻爬游戏带来的快乐。
2. 主动探索各种钻爬动作，遵守游戏规则。
3. 能灵活钻过低矮的绳网，与同伴合作连续钻过拱门。

【活动准备】

拱门、椅子、海绵垫、绳网、海绵球、箩筐等。

【动作发展】

基本动作：钻爬。

动作拓展：四散走、跑、撑、手膝爬、手脚爬、快速爬、匍匐爬、钻、侧身钻、快慢钻、倒爬、抖、捏、弯腰等。

【活动过程】

（一）准备部分

1. 热身律动

跟随音乐节奏，一起做热身律动操。

2. 热身游戏

（1）情境创设

小刺猬练本领。

（2）材料投放

海绵垫多块。

（3）基本玩法

将海绵垫铺成两条长长的小路，请幼儿分两组准备。

师："小刺猬出来玩游戏，要爬过最新铺好的草地。在爬行时，可能会遇到黄鼠狼。如果听到喊声，小刺猬要马上停止爬行，双手抱头趴在垫子上，做好防护。如果听到妈妈说黄鼠狼走了，你们再继续爬。"

教师提醒幼儿熟悉路线之后，尝试手脚爬行，要求膝盖离地，坚持爬远一些。

（二）基本部分

1. 探索阶段

（1）情境创设

小刺猬钻山洞。

（2）材料投放

拱门、椅子。

（3）基本玩法

摆放4个拱门，当作山洞。也可以把4个拱门围成一个圆圈，让幼儿排成一队，连续钻过4个山洞。还可以让幼儿排成一队，将手拉起来，依次钻过拱门。

师:"小刺猬不怕辛苦,要钻过山洞去找果子。注意弯腰低头不要碰到山洞壁。快行动起来吧!"

教师提醒幼儿一边钻山洞,一边念儿歌,鼓励幼儿不怕困难,勇往直前。

2. 学习阶段

(1)情境创设

小刺猬采果子。

(2)材料投放

海绵垫、绳网。

(3)基本玩法

设置低矮的绳网(宽1米,长2米),绳网下面放海绵垫,垫子上撒一些海绵球。

师:"小刺猬要钻爬到低矮的绳网下面去采果子(海绵球)。有时黄鼠狼会来捣乱,当刺猬妈妈说黄鼠狼来了时,小刺猬就要赶快爬回家躲起来。"

幼儿钻爬过低矮的绳网,拿到海绵球。当听到"黄鼠狼来了"时,幼儿就迅速爬回家里躲起来。

教师提醒幼儿匍匐爬行,相互保持适宜距离。

3. 提升阶段

(1)情境创设

小刺猬比赛采果了。

(2)材料投放

海绵垫、绳网、拱门、海绵球(果子)、2个箩筐。

(3)基本玩法

幼儿分2组在起点准备,教师提前设置好比赛场景。

师:"刺猬妈妈想看看小刺猬采果子的本领有多大。小刺猬要先爬过海绵垫,钻过绳网,再钻过拱门,跑到终点采果子,小刺猬快试试吧!"

教师提醒幼儿快速、机智地钻爬。

(三)结束部分

师:"小刺猬采了许多果子,真是很能干啊!一起来放松一下吧。"

教师与幼儿一起做放松动作,抖抖手,捏捏腿,扭扭屁股,弯弯腰。幼儿跟随轻音乐放松身心,之后收器械回班。

(四)活动延伸

当幼儿在多次游戏体验后,教师可将原来的采果子情节改为运西瓜,并提供常见的皮球代替西瓜来激发幼儿钻爬的兴趣。

智斗大猫（中班）

湛江市第二幼儿园　陈伯美

【活动目标】

1. 感受钻爬运动的乐趣，积极体验不同的钻爬动作。
2. 遵守游戏规则，积累钻爬的动作经验。
3. 能够灵活快爬，钻过呼啦圈，成功躲开大猫的追捕。

【活动准备】

呼啦圈、垫子、海绵球、低单杠2个（长度3.5米，高度1米）、拱门。

【动作发展】

基本动作：钻爬。

动作拓展：推、抛、接、转、跳、套、支撑、钻、侧身钻、走、直线爬、曲线爬、多向爬、变速爬等。

【活动过程】

（一）准备部分

1. 热身律动

跟随音乐节奏，一起做热身律动操。

2. 热身游戏

（1）情境创设

好玩的圈圈。

（2）材料投放

呼啦圈。

（3）基本玩法

提前准备多个呼啦圈，引导幼儿探索多种玩圈的方式。

师："机灵的小老鼠们，一起玩圈圈吧，看谁玩的办法多。"

教师鼓励幼儿采用推圈、抛圈、跳圈等多种玩法。提醒幼儿保持适当距离，不互相碰撞。

（二）基本部分

1. 探索阶段

（1）情境创设

小老鼠钻圈。

（2）材料投放

呼啦圈。

（3）基本玩法

幼儿两人一组拿圈，四散站好。

师："小老鼠要练习钻洞的本领了。互相帮忙练本领，一只小老鼠拿圈，一只小老鼠侧身钻，学会了就交换练习，看看哪一组小老鼠最能干。"

教师提醒幼儿手脚配合，发挥创意，鼓励幼儿快速钻圈。

2. 学习阶段

（1）情境创设

小老鼠找食物。

（2）材料投放

海绵球、绳子、低单杠2个、垫子、呼啦圈。

（3）基本玩法

教师把不同大小的呼啦圈挂在2个单杠上，用绳子固定好，下面铺上垫子。将多个海绵球当作食物，放在远处的地上。

师："小老鼠躲在洞里，看见老猫睡着了，就爬到洞外去，把老猫身边的食物（海绵球）取回来，看看谁最胆大。如果老猫伸懒腰，醒来了，小老鼠要赶紧跑回来，钻进洞里。"

教师在扮演老猫时要做出缓慢的动作，不要激烈地追老鼠，给予老鼠充分准备的时间。提醒幼儿灵活地钻圈圈，机警地观察老猫的动向。

3. 提升阶段

（1）情境创设

大猫的陷阱。

（2）材料投放

海绵球、绳子、低单杠2个、垫子、呼啦圈、拱门。

（3）基本玩法

保持原来的场景不变，围着老猫的食物，增加6个拱门。

师："小老鼠出洞继续找食物，发现大猫家里设置了几个拱门，小老鼠要钻过拱门才可以取到食物，然后快速跑回去。小老鼠回来的时候不用钻拱门，可以从场地外围直接跑回家里去。"

教师要提醒幼儿遵守游戏规则，从外围跑回去，熟悉行进路线。教师继续扮演大猫，吓唬一下幼儿，激发其玩游戏的兴趣。

（三）结束部分

师："小老鼠们今天捡了许多果子和食物，勇敢机灵地避开大猫，你们真棒！"

教师与幼儿一起做放松动作，捏捏手，捏捏腿，扭扭屁股，弯弯腰。教师带领幼儿跟随轻音乐放松身心，之后请幼儿收器械回班。

（四）活动延伸

为了加大运动量，在钻爬前，可先请幼儿在宽阔的操场内跑一圈。大猫此刻出现，要抓小老鼠。小老鼠只有成功躲避后，才可以钻过山洞去捡果子。也可以在钻爬之前，让幼儿先经历一些运动强度稍微大些的项目，如连续跳入呼啦圈、连续跨跳鞋盒、助跑摸高跳跃等。

我是小小士兵（大班）

湛江市第二幼儿园　陈伯美

【活动目标】

1. 喜爱钻爬，大胆体验有挑战性的游戏。
2. 理解游戏规则，探索钻爬动作。
3. 能变换各种爬行动作姿态，抱着玩具匍匐爬过更低的山洞。

【活动准备】

轮胎、平衡木、沙包、小箩筐、海绵垫、绳网、碉堡图等。

【动作发展】

基本动作：钻爬。

动作拓展：走、推、抬、拉、跳、爬、支撑、匍匐爬、仰面爬、手膝爬、前钻等。

【活动过程】

（一）准备部分

1. 热身律动

跟随音乐节奏，一起做热身律动操。

2. 热身游戏

（1）情境创设

士兵练本领。

（2）材料投放

大小不同的轮胎。

（3）基本玩法

幼儿扮演小小士兵，排成一队，在操场上练习走轮胎、滚轮胎和跳轮胎的本领。例如，将轮胎围成一个圆形，轮胎之间要有一定的间隔，幼儿尝试走轮胎、跳轮胎、推着轮胎开小车等。

（二）基本部分

1. 探索阶段

（1）情境创设

士兵占领高地。

（2）材料投放

大小不同的轮胎。

（3）基本玩法

将轮胎堆起来，创设一座轮胎雪山，幼儿开始自主探索。教师与幼儿扮演小小士兵，过雪山准备参加战斗。

师："小士兵来到雪山下，怎样过雪山呢？可以合作想办法爬过雪山。"

再将轮胎平铺成S形小桥或其他形状，请幼儿探索从轮胎上面手膝爬行、手脚爬行等动作。

2. 学习阶段

（1）情境创设

士兵运炸药。

（2）材料投放

轮胎、小木桥（平衡木）、沙包、小箩筐。

（3）基本玩法

提前把轮胎立在另一个轮胎的上面，排成一排，幼儿穿过地道，爬过小桥，把炸药包运回总部。

师："接下来，我们来扮演小士兵运炸药，手拿炸药包（沙包），钻过轮胎地道，爬过小木桥，尽量不要碰到轮胎，安全完成任务。"

可调整小木桥的高度或长度，增强钻爬的趣味性，邀请幼儿示范和表演，鼓励其他幼儿模仿和参考。

3. 提升阶段

（1）情境创设

炸碉堡。

（2）材料投放

碉堡图2幅、轮胎、小木桥、海绵垫、沙包、绳网。

（3）基本玩法

增设海绵垫和绳网布置的"电网"，以及"碉堡"。

师："士兵要把敌人的碉堡炸毁，先要钻过地道，爬过小木桥，再匍匐前进通过电网，拿起炸药包投向碉堡，你们有信心炸毁敌人的碉堡吗？"

教师提醒幼儿速度要快、保证安全。还可以创设多几个投射距离不等的碉堡，增加幼儿的游戏兴趣和难度。

（三）结束部分

师："今天小小士兵勇敢完成了任务，炸毁了敌人的碉堡，你们真棒！"

教师与幼儿一起做放松动作，甩甩手、踢踢腿、扭扭腰，走回营地，收器械回班。

（四）活动延伸

在支撑匍匐爬的游戏场景中，还可以用一些红色的绳子或皮筋来构建有趣的故事情境。教师可将红色的绳子绑在临近的桌子或凳子上，拉成一条条高低起伏、错落有致的高压电线或电网，营造一种惊险刺激的游戏氛围。此类游戏还可以融合在走平衡、攀登、侧滚翻等运动项目中，有同样的锻炼效果。

第二节 攀登类体育教学活动设计

猴子摘香蕉（小班）

梅州市莲新幼儿园　黎瑜

【活动目标】

1. 喜爱攀登游戏，积极参与。
2. 遵守游戏规则，探索攀登的方法。
3. 能够自我保护，手脚协调向上攀登。

【活动准备】

桌子4张、椅子12把、人字梯2个、动物头饰20个、香蕉图示40张、折叠垫10块、小背包2个、波波球20个。

【动作发展】

基本动作：攀登。

动作拓展：跑、站、蹲、爬、蹬、踩、摘、拉、纵跳、抓握、悬垂、支撑、手膝爬、手脚爬、肘膝爬、匍匐爬。

【活动过程】

（一）准备部分

1. 热身律动

跟随音乐节奏，一起做热身律动操。

2. 热身游戏

（1）情境创设

灵活的猴子。

（2）材料投放

桌子4张。

（3）基本玩法

将4张桌子分散在操场上并放好，组织幼儿在起点处熟悉场地，做好准备。

师："今天天气真好，猴宝宝们在一天天长大，猴爸爸带着猴宝宝们出门锻炼身体。"

音乐响起后，教师带领幼儿在外围跑动起来，不可以碰到操场里面摆放的桌子，音乐暂停后，幼儿要快速跑进场内，爬到桌子上，并保持平衡姿态站好。

教师带领幼儿反复练习，幼儿熟练后，尝试探索多种身体姿态的变化，如桌子上单脚站立、躲在桌子下等。

（二）基本部分

1. 探索阶段

（1）情境创设

猴子练本领。

（2）材料投放

桌子2张、椅子6把、折叠垫10块。

（3）基本玩法

幼儿分成2组，每组10名，队伍前放2张桌子、6把椅子。幼儿排队准备。

师："猴宝宝们要练本领啦，要灵活地爬上椅子，然后爬上桌子，并安全地从桌子上下来，不可以从桌子上跳下来。"

教师提醒幼儿注意安全，尝试探索各种灵巧的姿态的变化。还可以将桌子一边放在折叠垫上，形成一个斜面，增加攀登难度。

2. 学习阶段

（1）情境创设

猴子摘香蕉。

（2）材料投放

人字梯2个、动物头饰20个、香蕉图示40张、小背包2个、波波球20个（大号）。

（3）基本玩法

在前一个游戏的基础上，把人字梯放在桌子前面，并在起点处放置一个大篮子，用卡纸和彩带当作香蕉叶和香蕉挂在终点处。

师："山坡上的香蕉熟了，可以摘香蕉啦。猴宝宝背上小背包，爬梯子上高山，去把山上的香蕉摘下来，放在自己的小背包里，从场地外围跑步返回起点，将香蕉放在大篮子中。"

教师提醒幼儿攀爬梯子时要握紧梯子，保持身体平衡。当幼儿熟悉游戏后，可以让幼儿自主出发，避免消极等待。

3. 提升阶段

（1）情境创设

比赛摘香蕉。

（2）基本玩法

在前一个游戏的基础上，在操场的人字梯、桌子、椅子两边或中间增设障碍物，第一次玩时，先放4至6个波波球，当作有毒的果子，在桌子两边用双面胶粘住。第二次玩时，再增加5至8个波波球用胶粘在人字梯上，增加攀登难度。

师："香蕉熟了，可以比赛摘香蕉啦！可是梯子上、桌子上粘了一些有毒的果子（波波球），请大家小心避开，千万别碰到了。在规定的时间内，看哪一组摘回来的香蕉最多。"

可适当增加波波球的数量和空间布局，以多变、简单的布局激发小班幼儿的兴趣。

（三）结束部分

师："猴宝宝们一起摘香蕉，品尝美味的果实，好开心呀。"

师幼一起跟随音乐放松，收拾器械回班喝水。

（四）活动延伸

多次游戏后，可将香蕉换成其他水果。另外，小背包有着不同的玩法，可以背在前面，也可以换为小背篓、环保袋等，不同的背法组合不同的动作；可以增加一个抢水果的角色，如大黑熊，专门抓走动作慢或不遵守规则的小朋友。

勇敢的快递员（中班）

梅州市莲新幼儿园　黎瑜

【活动目标】

1. 敢于挑战难度，获得愉快的攀登游戏体验。
2. 探索攀登的不同方法，积累攀登经验。
3. 能在单杠上安全攀登，越过危险的障碍物完成投递任务。

【活动准备】

单杠3个（长120厘米，高65厘米、75厘米、85厘米）、小原木梯6个、软垫子10块、小铃鼓20个、废旧信封、矿泉水瓶10个、纸箱2个。

【动作发展】

基本动作：攀登。

动作拓展：走、跑、爬、钻、抓握、踩、拉、支撑、翻越、蹬、手膝爬、手脚爬、匍匐爬、变向爬等。

【活动过程】

（一）准备部分

1. 热身律动

跟随音乐节奏，一起做热身律动操。

2. 热身游戏

（1）情境创设

发现单杠。

（2）材料投放

单杠3个。

（3）基本玩法

教师先将3个单杠并排放在大操场上，单杠之间相距约20厘米。

师："快递员在路上发现了3个单杠，我们去看看3个单杠有什么特别之处。"

教师带领幼儿围着单杠慢跑几圈，然后从单杠间走过，最后从单杠下面钻过去。让幼儿摸摸单杠，抓着单杠自主悬垂一下。提醒幼儿注意观察单杠的形状、粗细、大小、高度、颜色等，为接下来的攀登游戏做好准备。

（二）基本部分

1. 探索阶段

（1）情境创设

翻越大山。

（2）材料投放

单杠、垫子、梯子。

（3）基本玩法

教师将3个不同高度的单杠横向摆放在队伍前面，单杠高度顺序是（65厘米、75厘米、85厘米），单杠之间相距约20厘米，第一个单杠最矮，将3个梯子搭在第一个和第三个单杠上，下面铺上垫子。将幼儿分成3组，让他们面向单杠和梯子站好准备。

师："小小快递员要翻越大山去送快递，路上有些难度，先要爬上梯子，然后翻越单杠大山，才能到达终点。大家快来试试吧，看看谁的方法最安全。"

提醒幼儿抓紧梯子,侧身翻越单杠,如果有困难可以向老师求助。如果人数较多,就再多设置一组单杠大山,让幼儿自主选择。

2. 学习阶段

(1)情境创设

送信。

(2)材料投放

单杠、垫子、梯子、废旧信封一箱。

(3)基本玩法

在前一个游戏的基础上,教师将单杠之间的距离调整为30厘米,加大翻越大山的难度,将一箱信封放在起点。

师:"刚才接到园长妈妈的电话,想请宝贝们帮忙送信,送给住在大山后面的小兔子。此时,大山发生了地震,地震之后,大山都裂开了,出现了很宽的峡谷,你们可要小心了,送信时不要掉进去。"

教师提醒幼儿在攀登时注意安全,手要抓紧,脚要踩稳。

3. 提升阶段

(1)情境创设

送水。

(2)材料投放

矿泉水瓶一箱、单杠、垫子、梯子。

(3)基本玩法

在前一个游戏的基础上,教师将单杠之间的距离保持为30厘米,加大翻越大山的难度,将一箱矿泉水瓶放在起点。

师:"刚收到一封来自地震灾区的求助信,小羊家里没水喝了,需要我们帮忙把矿泉水送过去。这条路比较陡峭,大家要拿着瓶子翻越过去,可要小心了。"

教师还可提供一些材料,如海绵球、沙包、牛奶盒、方便面、小纸盒等供幼儿自主选择,激发幼儿攀登运物品的兴趣。

（三）结束部分

师："你们都勇敢地翻越了大山，把食物和其他物资送到了小动物们的手里，帮大家渡过了难关。不久，太阳公公出来了，小动物们恢复了正常的生活。"

幼儿和教师一起跟随音乐放松，然后收拾器械后，回班休息。

（四）活动延伸

适当改变辅助道具来增加攀登的难度。幼儿手持道具攀登时，躲过攀登架上的道具，进一步引发相关攀登动作的创意拓展。还可以设置不同的情境，让幼儿扮演不同的角色，融入不同的身体动作来翻越大山，如钻、转、迈、拽、拉、掀、投等。

攀登小达人（大班）

梅州市莲新幼儿园　黎瑜

【活动目标】

1. 乐于挑战难度，获得成功攀登的游戏乐趣。
2. 理解游戏规则，主动探索更多攀登动作。
3. 能拿着小球、泡沫棒等玩具安全攀登到高处，并在高处完成投准、抛投等游戏任务。

【活动准备】

攀登架4个（高170厘米、宽45厘米）、单梯4个（高100厘米、宽45厘米）、波波球60个、沙包40个、雪糕筒2个、呼啦圈30个、哑铃、书、报纸、大纸箱2个、泡沫棒、大鳄鱼图片等。

【动作发展】

基本动作：攀登。

动作拓展：踩、爬、攀、蹬、拉、扶、支撑、捡、抓握、手膝爬、手脚爬、匍匐爬、攀登。

【活动过程】

（一）准备部分

1. 热身律动

跟随音乐节奏，一起做热身律动操。

2. 热身游戏

（1）情境创设

爬上小山坡。

（2）材料投放

攀登架4个、单梯4个。

（3）基本玩法

先将单梯架在攀登架上，组织幼儿熟悉场地，做好准备。

师："操场有个小山坡，我们一起攀登到最高点，看看有什么新发现。攀登时，要扶着单梯，由低向高安全攀登，经过攀登架后从另一侧下来。"

教师要根据幼儿攀登能力发展的实际情况，调整梯子坡度，增加攀登难度，提醒幼儿注意安全。

（二）基本部分

1. 探索阶段

（1）情境创设

搬家了。

（2）材料投放

波波球60个、呼啦圈30个、哑铃、书、报纸、大纸箱2个。

（3）基本玩法

增加呼啦圈、波波球、书、报纸等。

师："我们要搬家了，还剩下一些物品需要大家帮忙搬，我们一起把地上的物品运到楼上去。"

教师提醒幼儿持物攀登时注意观察台阶，灵活攀登。也可以多拿几样物品，看看是否可以安全攀登。

2. 学习阶段

（1）情境创设

运木头。

（2）材料投放

泡沫棒、大纸箱。

（3）基本玩法

在前一个游戏的基础上，增加泡沫棒若干，当作木头。

师："小河对面刚搬来一只小熊，它想盖一座新房子来居住。可是发现材料不够，需要大家帮助运些木头给它。"

教师组织幼儿拿着泡沫棒，表演运木头的场景。在攀登到最高处时，将木头投到狗熊家里的大纸箱里，表示运木头成功。

教师可以调整大纸箱与攀登架之间的距离，鼓励幼儿多拿几根木头，从高处投下。

3. 提升阶段

（1）情境创设

赶走鳄鱼。

（2）材料投放

波波球60个、沙包40个、大鳄鱼图片。

（3）基本玩法

教师准备一筐波波球和沙包，在攀登架下面放一些鳄鱼图片。

师："小熊的新房盖好了，发现河里有几条大鳄鱼。于是，小熊拿起沙包爬到最高处，从高处往下投，把鳄鱼赶走。"

教师可以调整投掷距离，鼓励幼儿多拿几个沙包或波波球来投掷。

（三）结束部分

师："你们真勇敢，帮小动物运木头盖房子，还帮着把大鳄鱼打跑了，真是太能干了。"

幼儿跟随音乐放松，之后收拾器械，回班休息。

（四）活动延伸

多次游戏后，可将"大鳄鱼"改为"大鲨鱼"等，也可让幼儿扮演"会游的大鲨鱼"，与攀登架上的幼儿相互投掷，激发攀登的兴趣；将攀爬架和单梯做不同的高度组合，如放置最低处，让幼儿匍匐爬过去。中等高度，可以让幼儿从梯子上单梯的"洞口"上下穿过；一定高度，可以让幼儿在架起来的单梯下进行不同方向的悬垂移动。

第三节 追逐类体育教学活动设计

小猫快跑（小班）

阳山县第一幼儿园 胡春媚

【活动目标】

1. 喜欢奔跑，体验追逐移动物体的快乐。
2. 了解快速移动的方法，发现快跑的作用。
3. 能保护自己，灵活追逐多种移动的物体。

【活动准备】

充气足球门、波波球、海绵球、呼啦圈、篮球。

【动作发展】

基本动作：快跑。

动作拓展：走、多向走、蹲、跳、四散跑、变速跑、折返跑、直线跑、侧向跑、变向跑、追逐跑、拦截、障碍跑、上坡跑、下坡跑等。

【活动过程】

（一）准备部分

1. 热身律动

幼儿自由站立，跟随音乐节奏，一起做动物模仿操。

2. 热身游戏

（1）情境创设

大猫网鱼。

（2）材料投放

充气足球门。

（3）基本玩法

幼儿在操场一边四散站立。教师扮演大猫，幼儿扮演小鱼，操场当作鱼池。

师："大猫要来抓小鱼了，小鱼要赶快躲开。"

教师拿着渔网（充气球门）在鱼池里抓小鱼，幼儿四散躲闪。教师不猛追，提醒幼儿避免发生碰撞。

（二）基本部分

1. 探索阶段

（1）情境创设

小猫抓鱼。

（2）材料投放

波波球。

（3）基本玩法

幼儿扮演小猫，波波球当作小鱼。幼儿分散站在操场，教师把波波球抛向对面的空地。

师："猫妈妈发现了很多小鱼，小猫现在要去捞小鱼（波波球），看谁捞的小鱼最多。"

幼儿听到指令后，跑过去把球捡回来。允许多次往返，捡完为止。教师提醒幼儿看清路线，避免发生碰撞。

2. 学习阶段

（1）情境创设

小猫追球。

（2）材料投放

海绵球、呼啦圈。

（3）基本玩法

幼儿分成4组，做好追球的准备。

师："听说小球滚得很快，你们能不能快速抓到呢？我们来试一下吧。"

教师同时把4个海绵球扔向操场，每次4名幼儿出发，看哪一组幼儿先抢到小球，先抢到者为胜。

教师有意将球扔得越来越远，提醒幼儿出发时保持距离，不要碰撞；抢到小球从操场一旁绕回，不要影响下一组游戏。

教师还可以把小球换成呼啦圈，鼓励幼儿在呼啦圈停止滚动前把它抓起来。

3. 提升阶段

（1）情境创设

小猫抓老鼠。

（2）材料投放

篮球。

（3）基本玩法

幼儿分成4组做小猫，每个幼儿拿一个篮球，篮球当作老鼠。

师："小猫练好了本领，现在可真的要去抓老鼠了。小篮球就当作小老鼠，篮球滚得很快，小猫要快速追上去，用手按住球就算成功。"

请4组幼儿同时把篮球用力滚出去。让幼儿听到指令后马上跑去追回自己的球，比比哪只小猫能最快抓回自己的老鼠。

教师提醒幼儿抓到小球就算成功，慢慢从操场旁边绕回来，不要影响下一组游戏。

（三）结束部分

幼儿跟着音乐做放松运动，如深呼吸、拍打下肢等动作，并找一个好朋友互相放松，如捶一捶、捏一捏等。

（四）活动延伸

可增加小动物或怪兽拦截的情景，增加幼儿对追逐跑的兴趣；还可以使用大号瑜伽球，教师滚动瑜伽球在固定区域内行进，缓慢地追逐幼儿，幼儿要保护自己不被瑜伽球碰到。

智斗狗熊（中班）

阳山县第一幼儿园　胡春媚

【活动目标】

1. 喜欢跑步游戏，勇敢战胜大笨熊。
2. 感受多种不同的躲闪动作，探索躲闪跑的方法。
3. 在躲闪跑中有自我保护的能力，能灵活躲闪跑。

【活动准备】

鞋盒、塑料棍、雪糕筒、海绵球、粘粘衣等。

【动作发展】

基本动作：躲闪跑。

动作拓展：走、跑、后踢腿跑、高抬腿跑、变向跑、变速跑、多向跑、折返跑、四散跑、跳、跨跳、曲线跑、躲避球、追逐跑等。

【活动过程】

（一）准备部分

1. 热身律动

跟随音乐节奏，一起做热身律动操。

2. 热身游戏

（1）情境创设

动物快点儿跑。

（2）基本玩法

在教师的带领下，幼儿一边唱一边模仿小动物，如兔子跳、青蛙跳、猩猩跑、恐龙跑、猎豹跑等。

教师要变换指令，以此来调整幼儿的行进速度，避免发生碰撞。

（二）基本部分

1. 探索阶段

（1）情境创设

穿越森林。

（2）材料投放

鞋盒、塑料棍、雪糕筒。

（3）基本玩法

将鞋盒、雪糕筒、塑料棍等分散摆放在场内，相隔一定距离。

师："小松鼠们要快跑穿过森林，可是森林里危险重重，你们可不要碰到里面所有的材料，避免掉进了猎人布置的陷阱。"

幼儿扮演小松鼠，听到指令后，快速跑过障碍物，穿过森林，到达对面指定的位置。

教师提醒幼儿可以跨过、绕过障碍物等，机智应对。

2. 学习阶段

（1）情境创设

笨笨的狗熊。

（2）材料投放

一筐海绵球、鞋盒、雪糕筒。

（3）基本玩法

保持原来的场景不变，将海绵球洒在树林里，尽量散开，幼儿在起点准备。

师："狗熊偷了一大包松果，谁知道狗熊太笨了，口袋被树枝刮破了，松果掉了一路。小松鼠要趁这个机会，赶紧把松果抢回来，但是记得躲避，不要踩到陷阱。"

教师扮演狗熊，走得慢点，放一些红色的呼啦圈做陷阱，假装很着急在找松果。幼儿避开狗熊和陷阱快速抢松果。

3. 提升阶段

（1）情境创设

赶走大狗熊。

（2）材料投放

海绵球、粘粘衣。

（3）基本玩法

邀请两名幼儿一起做小狗熊，穿上粘粘衣，在场地中间做好准备。

师："在一片草地上，狗熊追来了，小松鼠要用海绵球把狗熊打走。打走狗熊的办法就是往他身上投掷海绵球，狗熊身上只要粘上10个海绵球就表示被打走了。"

狗熊也可以用海绵球投掷，因此松鼠也要灵活躲避，机智地追着狗熊投掷。另外，狗熊不可以把衣服上的球拿掉，被打败之后，换另外3个幼儿扮演狗熊。

（三）结束部分

师："表扬所有小松鼠，能够战胜大狗熊，真勇敢。有点饿了，我们赶紧去吃松果吧！"整理器械，活动结束。

（四）活动延伸

可以在大操场设置一些折叠垫，横向立起来，组成一座迷宫，让幼儿在迷宫里追逐跑，或躲避大狗熊的抓捕。迷宫的路线、宽度、高度等都可以进行细致化设计，为幼儿带来更加惊险刺激的游戏体验。

撕名牌（大班）

阳山县第一幼儿园　胡春媚

【活动目标】

1. 喜欢跑步，积极参与到跑步游戏中。
2. 探索多种跑步的方法，获得快速跑的经验。
3. 能在迷宫里灵活追逐躲闪，会玩撕名牌游戏。

【活动准备】

折叠垫4块、红蓝两种颜色的名牌贴（长40厘米、宽20厘米。如果没有名牌可用长条毛巾、海绵棒等物品替代）。

【动作发展】

基本动作：躲闪跑。

动作拓展：走、跑、跳、跨跳、小步跑、后蹬跑、多向跑、变向跑、变速跑、慢跑、急停、直线追逐跑、四散跑、躲闪跑等。

【活动过程】

（一）准备部分

1. 热身律动

跟随音乐节奏，一起做热身律动操。

2. 热身游戏

（1）情境创设

口令跑。

（2）基本玩法

师："今天来考验一下大家，看看你们会不会模仿做各种跑步的动作。"

幼儿跟着教师慢跑几圈，听到口令后做出对应的动作，如开飞机跑、后踢跑、侧身跑、高抬腿跑、小碎步跑、后退跑等。

（二）基本部分

1. 探索阶段

（1）情境创设

踩影子。

（2）基本玩法

请幼儿四散在操场等待，找到自己的影子。

师："每个人都有自己的影子，影子跟着我们跑。看看谁能踩到别人的影子，还要保证自己的影子不被踩到。大家快去试试吧。"

教师提醒幼儿观察自己影子的方向，探索跑动的路线。

2. 学习阶段

（1）情境创设

撕名牌大战。

（2）材料投放

名牌贴、标志线。

（3）基本玩法

幼儿背后贴上名牌，教师找两个幼儿做撕名牌的人。

师："我们来撕名牌吧，听到指令后，我和两个小伙伴就去找名牌，你们要在场地内快跑躲避，被撕掉后就要下场休息。"

教师提醒幼儿只能在场内躲避，撕名牌时，要避免碰撞，保护好自己。

3. 提升阶段

（1）情境创设

迷宫撕名牌。

（2）材料投放

名牌贴、折叠垫4块。

（3）基本玩法

准备一些折叠垫，竖起来变成迷宫，让幼儿在里面跑动一下熟悉一下场地。

师："你们可以躲进迷宫，绕着折叠垫躲避。再来试一试，看会不会很快被抓住。"

教师可将垫子的距离调整大些，提醒幼儿跑步时不要触碰垫子，避免推翻垫子。

（三）结束部分

师："今天我们学会了撕名牌，还能在迷宫里躲避，真的太棒了。时间不早了，我们一起来放松一下，回去喝水休息吧。"

（四）活动延伸

追逐跑的游戏很多，可以利用长毛巾、海绵棒做尾巴，组织幼儿玩揪尾巴的游戏。游戏中注意角色轮换，让幼儿体验不同的角色扮演。撕名牌游戏的规则要设计合理，讲清楚规则，避免成人式的游戏规则，以防争抢时发生危险。

第四节 足球类体育教学活动设计

小猪运食物(小班)

广州市第一幼儿园 张少蘋

【活动目标】

1. 能够参与到足球游戏中,体验足球游戏的乐趣。
2. 认识足球,感知足球的弹性、滚动速度。
3. 尝试用脚移动足球,能朝指定方向简单踢球和停球。

【活动准备】

足球、长绳2根、球门3个,小猪头像3个。

【动作发展】

基本动作:踢球行进。

动作拓展:单足立、走、跑、踩、蹲、推、踢、滚球、停球、单脚踢球、单脚运球、脚掌停球、定向运球、定点运球。

【活动过程】

（一）准备部分

1. 热身活动

师："今天天气真好，小猪们一起运动起来吧！让我们一起绕圈走一走，跑一跑。"

2. 热身游戏

（1）情境创设

小猪爱跳舞。

（2）材料投放

足球。

（3）基本玩法

师："小猪跟着妈妈拿着足球来跳个舞吧，看看谁模仿得最像。"

教师带幼儿跳一段简单的足球舞蹈，在舞蹈中主要带领幼儿熟悉小脚踩球、搓球、换脚搓球等动作。

（二）基本部分

1. 探索阶段

（1）情境创设

小猪学本领。

（2）材料投放

足球。

（3）基本玩法

将幼儿分3排，每排幼儿轮流持球站在一条直线前准备。

师："小猪开始学本领了，听到指令后，快速跑出去追上足球，用手或脚停住足球，看看谁最先做到。"

教师提醒幼儿注意安全，特别是停球时避免发生碰撞、摔倒。

2. 学习阶段

（1）情境创设

小猪运食物。

（2）材料投放

小猪头像3个。

（3）基本玩法

幼儿分3排，每排幼儿轮流持球距离墙面15米。

师："接下来，小猪一起听着儿歌来运食物吧。"

哨声响起，幼儿随着教师儿歌"小猪小猪真听话，轻轻踢，朝前跑，踢一下，再一下"的节奏向前运球，用小脚控制足球的速度与方向，直至运到指定墙脚处。

教师提醒幼儿注意运球的方向，控制行进速度，避免相互冲撞、绊倒。

3. 提升阶段

（1）情境创设

比赛运食物。

（2）材料投放

足球、球门3个、长绳2根（长度10米）。

（3）基本玩法

幼儿分3排，每排幼儿轮流持球站在一条直线前做好准备，在距离直线15米的对面平行放置3个球门。

师："冬天到了，气温降低，红薯要放到地窖里储存起来，我们一起把红薯运过去吧，到终点处将球踢进球门就代表运送成功。"

教师提醒幼儿正对着球门运球，注意速度、避免冲撞。

教师可以扮演怪兽，在路上抢红薯。

（三）结束部分

师："经过努力，小猪们都学会了运送和储存食物的办法，真棒，再也不用担心饿肚子啦。现在让我们做一下放松运动吧。"

（四）活动延伸

可以提供纸球给小班幼儿（纸球可大可小，颜色多样，形状各异），增强幼儿踢球兴趣；增加抢粮食的大灰狼的角色，丰富游戏情境，强化幼儿对玩球的体验；让幼儿认识自己的身体部位，探索用不同的身体部位玩球。

丛林奇遇（中班）

广州市第一幼儿园　张少蘋

【活动目标】

1. 感受足球游戏的乐趣，敢于完成有挑战性的球类活动。
2. 理解并遵守游戏规则，会看图示、听指令带球前进和停止。
3. 能在游戏中灵活踢球变向、变速，并能灵活停球。

【活动准备】

足球、雪糕筒、球门1个、挂绳的套圈等。

【动作发展】

基本动作：踢球、停球。

动作拓展：走、跑、踢、跳、接、推、半蹲、直线运球、曲线运球、运球穿过/越过障碍物、脚背踢球、射门、远距离射门等。

【活动过程】

（一）准备部分

1. 热身律动

跟随音乐节奏，一起做热身律动操。

2. 热身游戏

（1）情境创设

车技大比拼。

（2）材料投放

足球。

（3）基本玩法

幼儿两人一组玩一个球，相对间隔3米站立。

师："小球就像一辆小汽车，看你们能不能开着小车从起点出发，到终点把小车给小伙伴，然后小伙伴开着小车回到起点位置。看谁最稳，控制得最好。"

教师提醒幼儿控制踢球力度和方向，停球时注意观察。

（二）基本部分

1. 探索阶段

（1）情境创设

穿越丛林。

（2）材料投放

雪糕筒、球门1个。

（3）基本玩法

将球门设在终点，雪糕筒分散在操场内。

师："我们要穿越树林了，大家千万别让足球撞到了大树（雪糕筒），如果撞到了，大树伯伯就会收了你的足球，就要暂停游戏了，快来试试吧。"

教师提醒幼儿尝试踢球、停球、改变行进方向。

2. 学习阶段

（1）情境创设

迷路的小羊。

（2）材料投放

雪糕筒、足球、球门。

（3）基本玩法

幼儿一起将球分散放进树林里，然后在外围等候。

师："很多小羊在树林里迷了路，需要我们把它们带出来。我来扮演羊妈妈，羊妈妈在哪里，你们就把小羊带到哪里，要看清楚了。"

教师提醒幼儿不要着急，看清楚后再踢球，控制踢球的力度。

3. 提升阶段

（1）情境创设

躲避狗熊的套圈。

（2）材料投放

挂绳的套圈。

（3）基本玩法

教师扮演狗熊，把雪糕筒之间的距离加大，扩大游戏场景的范围。

师："大家在带小羊回家时，狗熊要用特质的套圈来抓捕小羊。大家要小心了，要灵活躲避，把小羊安全送回家吧。"

教师拿着做好的套圈道具，假装去套幼儿的足球。教师提醒幼儿注意观察狗熊的动向，改变踢球的方向，控制好运球的速度。

（三）结束部分

师："今天我们在树林里经历了各种奇遇，大家都能灵活机智地保护好小球，真的太棒了。我们来用球轻敲自己的身体部位，放松一下吧。"

（四）活动延伸

树林场景还可以用足球专用的标志杆来代替，能增强游戏效果；让幼儿尝试不同方向运球，增加对球的认知和体验；可以让幼儿两人或两人以上手牵手运球，促进幼儿同伴合作能力的发展。

夺回宝石（大班）

广州市第一幼儿园　张少蘋

【活动目标】

1. 喜欢与同伴一起玩足球游戏，敢于挑战自我。
2. 理解游戏规则，探索踢准的方法。
3. 能灵活踢球，踢球击中游戏中设置的各种目标。

【活动准备】

足球、不同颜色的彩色呼啦圈3个、海绵球、折叠垫、圆形怪兽图片彩纸贴、标志线、头饰等。

【动作发展】

基本动作：踢球击物。

动作拓展：走、跑、跳、单足立、单脚跳、运球、踢球、停球、直线踢球、曲线踢球、踢球过障碍、踢球击物。

【活动过程】

（一）准备部分

1. 热身律动

跟随音乐节奏，一起做热身律动操。

2. 热身游戏

（1）情境创设

狗熊来了。

（2）材料投放

足球、呼啦圈3个。

（3）基本玩法

幼儿在场内踢球，教师拿一个呼啦圈去套足球。

师："你们扮演小松鼠，滚松果（足球），可是狗熊也来了，还拿了个呼啦圈，它想套走我们的松果，大家可要小心，别被它把松果套走了。"

教师扮演狗熊走得慢一点，提醒幼儿躲开狗熊。

（二）基本部分

1. 探索阶段

（1）情境创设

夺回宝石。

（2）材料投放

海绵球、折叠垫。

（3）基本玩法

用4块垫子围成一个房子，上面的折叠垫架成房顶，变成狗熊的家。

师："狗熊偷走了小松鼠家的宝石，放在坚固的房子里，我们把球踢向房子，房子倒了，就可以找到宝石了。"

教师提醒幼儿在远处围着房子来踢球，提醒幼儿探索多种踢球动作。

2. 学习阶段

（1）情境创设

迎击怪兽。

（2）材料投放

圆形怪兽图片彩纸贴、标志线。

（3）基本玩法

把怪兽的图片挂在终点处，让怪兽刚好竖立在地面上。

师："有怪兽也来抢夺宝石了，我们要先把它们赶走。我们站在远处，把球踢向怪兽，一起踢到20次，就算赶走了它们。记得捡球后，从旁边绕回去，不可以一直待在怪兽区。"

幼儿在标志线外定点踢球射击墙角的怪兽，教师提醒幼儿四散站好踢球。

3. 提升阶段

（1）情境创设

消灭巨型怪兽。

（2）材料投放

足球30个、大箩筐、头饰。

（3）基本玩法

3名幼儿带上头饰扮演怪兽，场中间放一个大箩筐，用粉笔画一个大圈。

师："怪兽大王又派了巨型怪兽过来，在大圈里走来走去，圈里有个大箩筐，它会抢我们的炮弹，把抢到的炮弹放进箩筐里。大家要瞄准巨型怪兽踢，如果它被踢中10次，就要下场，我们就胜利了。"

扮演巨型怪兽的3名幼儿捡到足球，就放在场中间的箩筐里，表示抢到了炮弹。

教师提醒幼儿看准再踢，踢球要用力，不要慌张。

（三）结束部分

师："大家终于夺回了宝石，还学会了打怪兽，你们真的很勇敢。现在让我们一起跳个舞，放松一下，然后回去吃松果吧。"

（四）活动延伸

如果是低年龄段幼儿，可以用纸球来代替足球，效果会更好；提升环节的巨型怪兽身上可以系10条红带子，每当被打到一次，生命值就减少一个，拿掉一根红带子，活跃游戏气氛。

第五节　篮球类体育教学活动设计

篮球小超人（小班）

广州市花都区幼林培英幼儿园　伍世斌杰

指导教师　颜佳

【活动目标】

1. 能够参与到游戏中，感受篮球游戏的乐趣。
2. 体验篮球运动，探索不同的玩球方法。
3. 尝试拍球，能够在游戏中连续拍球。

【活动准备】

篮球40个、呼啦圈42个、标志碟、标志筒等。

【动作发展】

基本动作：拍球。

动作拓展：走、跳、屈膝、半蹲、蹲起、滚球、拨球、弹球、抛球、接球、拍球、高（低）拍球、双手拍球、交换手拍球、单手拍球、直线拍球、绕障碍拍球。

【活动过程】

（一）准备部分

1. 热身律动

跟随音乐节奏，一起做热身律动操。

2. 热身游戏

（1）情境创设

我跟篮球是好朋友。

（2）材料投放

篮球。

（3）基本玩法

幼儿拿球在操场四散找到舒服位置，以教师带动为主。

师："我们要跟篮球做朋友，把球放在地上，用一根手指拨球，让球滚动起来。再试一下，手背拨球滚动，两只手一起拨球滚动……"

教师引导幼儿动起来，熟悉球性。

（二）基本部分

1. 探索阶段

（1）情境创设

模仿超人。

（2）材料投放

篮球。

（3）基本玩法

师："今天我们来扮演超人。超人真厉害，什么都会，来跟我一起做，看看超人是不是什么都会。"

教师准备好音乐，节奏快慢相间，带领幼儿四散站好。

师："篮球超人本领大，特别会拍球，看看你们有哪些拍球的方法，拍给我们看一下。"

幼儿自主探索拍球的动作，表演给大家看。

教师提醒幼儿可以高低拍球、快慢拍球、双手拍球、双手交替拍球等。

2. 学习阶段

（1）情境创设

打地鼠。

（2）材料投放

篮球、标志点。

（3）基本玩法

教师带领幼儿来到操场上有标志点的地方，点点代表地鼠洞。

师："哇，地上好多地鼠洞呀，我们把球拍到洞口，别让地鼠跑出来，玩打地鼠的游戏吧！"

教师提醒幼儿连续拍球，可以双手一起拍，灵活调整拍球动作。

3. 提升阶段

（1）情境创设

采蘑菇。

（2）材料投放

篮球、标志碟、雪糕筒。

（3）基本玩法

把标志碟放在一边，幼儿拿球站在另一边。

师："我们一起去对面把蘑菇采回来吧，拍着球过去。等一下我们要拍球绕过树林才能到达终点，快来试试吧。"

教师提醒幼儿用力连续拍球，不要一直弯着腰；看情况增加雪糕筒，让幼儿拍球绕过雪糕筒。

（三）结束部分

师："今天的篮球小超人真棒，能够连续拍球，还会和篮球玩游戏，接下来我们一起放松一下。"

教师带领幼儿跟随轻音乐放松身心，小结后，收器械回班。

（四）活动延伸

在采蘑菇游戏中，为增加运动量，可以请助教老师扮演大灰狼，吓得幼儿抱球跑回家去躲避；增加幼儿探索多种方式玩篮球的部分，通过自主玩法调动幼儿主动玩篮球的积极性；可以将呼啦圈与篮球组合，引导幼儿借助呼啦圈套着篮球移动。

篮球小子（中班）

广州市花都区幼林培英幼儿园　伍世斌杰

指导教师　颜佳

【活动目标】

1. 感受篮球，能够在篮球游戏中挑战自己。
2. 遵守游戏规则，探索传接球动作。
3. 学习运篮球，在游戏中能灵活运球。

【活动准备】

篮球40个、雪糕筒20个、海洋球80个、呼啦圈40个。

【动作发展】

基本动作：行进间拍球。

动作拓展：走、跑、跳、滚、拍、按、推、蹲起、拨球、单双腿绕球、地上"8"字绕球、原地高、低拍球、原地左右手交替拍球、直线运球、障碍运球、反弹球、原地胸间传接球等。

【活动过程】

（一）准备部分

1. 热身律动

跟随音乐节奏，一起做热身律动操。

2. 热身游戏

（1）情境创设

熟悉小球。

（2）材料投放

篮球。

（3）基本玩法

幼儿拿好篮球，在操场找到舒服的位置。

师："今天我们要选拔篮球达人，篮球达人可是很熟悉篮球的，看看谁会跟着我做动作。"

教师引导幼儿左右手交替拨球、在双腿间绕球等，熟悉球性。

（二）基本部分

1. 探索阶段

（1）情境创设

拍球达人。

（2）材料投放

篮球。

（3）基本玩法

幼儿拍球位置不变，教师引导，幼儿自主探索。

师："篮球达人的拍球本领一定很强，我们放一段不同节奏的音乐，看谁可以跟着音乐的节奏拍球。"

教师可适当变换不同节奏的音乐，提醒幼儿变化各种拍球动作，进行创意表演。

2. 学习阶段

（1）情境创设

运输粮食。

（2）材料投放

篮球、雪糕筒、海洋球、呼啦圈。

（3）基本玩法

将海洋球放在终点，将多个呼啦圈放在场中，幼儿分组在起点做准备。

师："篮球达人还会拍球到终点取回粮食（海洋球），中间还要绕过陷阱，可别把球拍进陷阱里了，快来试试吧。"

可调整运球距离，或调整"陷阱"的疏密程度，增加游戏难度。

3. 提升阶段

（1）情境创设

传球达人。

（2）材料投放

篮球、呼啦圈。

（3）基本玩法

教师在终点准备多个呼啦圈，请幼儿站在里面做准备。

师："篮球达人还会传接球，这次我们拍球到了终点，把球用力推向地面，将球反弹给站在呼啦圈里的伙伴，圈里的伙伴接球后返回，你就要站在圈里接下一个球。"

教师提醒幼儿接球时要注意力集中，传球时要用力将球推向地面，从而将球反弹给伙伴来接。

（三）结束部分

师："篮球达人真棒，拍球、传球都会。接下来我们一起听着音乐放松一下身体吧。"

教师带领幼儿跟随轻音乐放松身心，小结后收器械回班。

（四）活动延伸

在传球达人游戏中，教师可以设置好传球的距离，保证幼儿有效练习传接球；运球可增加分组竞赛环节（分5组，运球取回海洋球多的小组获胜）；幼儿传接球熟练后，教师可以让幼儿移动传接球或在传球和接球人中间通过长绳子、溜溜布设置不同的传接距离和高度挑战。

运球高手（大班）

广州市花都区幼林培英幼儿园　伍世斌杰

指导教师　颜佳

【活动目标】

1. 喜欢参与篮球游戏，敢于表现自己。
2. 懂得遵守规则，积极探索运球动作。
3. 熟练运球，能够在游戏中听规则变速和变向运球。

【活动准备】

篮球40个、泡沫棒、雪糕筒20个、呼啦圈20个、瑜伽球2个等。

【动作发展】

基本动作：行进间拍球。

动作拓展：走、跑、跳、单脚跳、拨球、滚球、抛接球、单双腿绕球、地上"8"字绕球、原地拍球、运球等。

【活动过程】

（一）准备部分

1. 热身律动

跟随音乐节奏，一起做热身律动操。

2. 热身游戏

（1）情境创设

篮球真好玩。

（2）材料投放

篮球。

（3）基本玩法

幼儿抱球四散站好，跟随教师做动作。

师："我们今天要跟篮球玩游戏，看谁会跟我做一样的动作。"

教师引导幼儿拨球、绕球、拍球、滚球、抛接球等。

（二）基本部分

1. 探索阶段

（1）情境创设

拍球运木头。

（2）材料投放

篮球、泡沫棒。

（3）基本玩法

木头（泡沫棒）放在终点处，幼儿抱球分散站在起点。

师："我们要拍球到终点把木头运回来，你可以多拿几根，但是要一边拍球一边运木头。"

教师提醒幼儿拍球蹲下捡木头，中途拍球不要停。

2. 学习阶段

（1）情境创设

合作抬木头。

（2）材料投放

篮球、雪糕筒、泡沫棒。

（3）基本玩法

教师提前让幼儿两两结队，在起点做好准备。

师："两兄弟要去抬木头回来，手拉手拍球到终点，拿起木头，一人拿一头，一起拍球走回来，就算合作运木头成功。"

教师提醒幼儿回来时可以一前一后，也可以将木头放在肩上，进行创造性发挥。

3. 提升阶段

（1）情境创设

遇到大石头。

（2）材料投放

篮球、呼啦圈、瑜伽球2个。

（3）基本玩法

在上一个游戏的基础上，教师和助教老师在路中间设置大滚球，当作滚动的大石头。

师："大家在运木头时遇到了滚过来的大石头，两人合作时要小心躲避，不要被大石头撞到了，快来试试吧。"

教师提醒幼儿看准时机，灵活躲避，相互配合好。

（三）结束部分

师："运球高手本领大，把木头都安全地运回家里了，真能干！我们一起放松一下吧。"

教师带领幼儿跟随轻音乐放松，小结，收器械回班。

（四）活动延伸

在提升阶段，可以让幼儿多拿几根泡沫棒；在路上可以设置一些雪糕筒做障碍物，使幼儿改变运球路线；将雪糕筒和泡沫棒组合使用，让幼儿运球跨过有高度的泡沫棒；分5组比赛，接力取雪糕筒对应颜色的泡沫棒，规定时间内取回泡沫棒数量多的小组获胜。

第六节　躲闪类体育教学活动设计

小鱼历险记（小班）

广州市南沙区实验幼儿园　黄营坤

【活动目标】

1. 愿意参加体育游戏，敢于尝试不同玩法。
2. 探索躲闪的不同方法，遵守游戏规则。
3. 能躲开他人的碰撞，尝试用多种动作组合进行躲闪。

【活动准备】

自制竹竿、渔网（2米长竹子2根、2米长迷彩网2张），椅子8把，挡板26块。

【动作发展】

基本动作：躲闪。

动作拓展：蹲、走、跑、爬、跳跃、跨、蹦、纵跳、连续跳、躲闪、加速跑、快速跑、变速跑、定向跑、急停折返跑等。

【活动过程】

（一）准备部分

1. 热身慢跑

音乐响起后，幼儿跟随教师有序地在场地内慢跑，在慢跑的过程中，和教师一同模仿小鱼游泳的动作。

2. 热身游戏

（1）情境创设

小鱼真灵活。

（2）材料投放

自制竹竿1根、挡板16块。

（3）基本玩法

用挡板围成一个长方形场地，教师扮演渔夫，利用竹竿与幼儿互动。

师："小鱼游进了一个鱼塘，可要小心了，不要被渔夫抓走了，要想办法躲开渔夫的竹竿。"

幼儿自由在场地内跑动，利用侧闪的方法躲开竹子。

教师下蹲，手持竹竿贴近地面从左往右摆动，幼儿及时向上纵跳。教师提醒幼儿观察竹竿从上往下挥动的方向和频率，主动屈膝蹬地向左右两边移动。教师手持竹竿向左右两边来回摆动，提醒幼儿观察竹竿的去向以及高度，及时屈膝下蹲躲避。

（二）基本部分

1. 探索阶段

（1）情境创设

逃离渔网。

（2）材料投放

自制竹竿1根、渔网2张、椅子8张、挡板24块。

(3)基本玩法

利用挡板围成一个长方形的场地,场地中间利用8把椅子围成一个钓鱼台。

师:"小鱼塘里出现了一个钓鱼台,渔夫在钓鱼台内活动,小鱼在钓鱼台外活动,渔夫手持自制渔网从左往右变速摆动,小鱼在渔网的追赶下加速跑动。"

教师提醒幼儿,在加速跑时注意观察同伴的跑动路径,防止发生碰撞,导致倒地受伤。

可增加1张渔网作为拦截,渔网从上向下拦截,教师提醒幼儿急停折返跑。

2. 学习阶段

(1)情境创设

躲渔网。

(2)材料投放

渔网2张、椅子8把、挡板26块。

(3)基本玩法

保持原规则不变,引出新的道具。

师:"渔夫拿来一张渔网抓小鱼,你们要判断好渔网的高度,在跑的过程中及时蹲下躲闪。"

教师不断调整渔网高度,提醒幼儿观察渔网摆动方向和上下拦截的位置,留心脚下阻拦的渔网。

3. 提升阶段

(1)情境创设

机动渔网。

(2)材料投放

渔网2张、椅子8把、挡板26块。

（3）基本玩法

保持原场景不变，将其中一张渔网调整为"机动渔网"。

师："渔夫会用机动渔网来灵活抓你们，当他把渔网调节至离地面50厘米时，你们要蹲下躲避。当调节为离地面20厘米时，你们要跳起来，还要判断渔网的不同运动轨迹进行躲闪。"

幼儿水平会有很大差异，教师可减慢追捕渔网的速度。

（三）结束部分

师："小鱼们经过不懈努力，克服了各种困难，掌握了多种躲闪渔网的方法，以后外出就不怕被渔夫捉到了。小鱼们辛苦了一天，我们一起在水底安全的地方摇摇尾巴，扭扭身体，收拾好玩具，回家了。"

（四）活动延伸

为满足幼儿发展需求，可加入一些任务情节，如小鱼长大了，尝试独自外出觅食，将海绵球散落在场地上，让幼儿在躲闪之余收集物品；让幼儿自主选择扮演不同的海洋生物角色，尝试多种方式完成游戏中的躲闪。

小猫觅食（中班）

广州市南沙区实验幼儿园　黄营坤

【活动目标】

1. 敢于挑战有难度的游戏，体验成功的喜悦。
2. 学会游戏规则，探索不同的躲闪方法。
3. 能用左右躲闪跑动玩游戏，并尝试衔接不同的动作技能。

【活动准备】

1米长的棍子2根、挡板8块、海绵球80个（红、蓝）、大龙球4个、粘贴背心14件（红、蓝）、木架子4个、平衡板3块、篮子2个、两联体操垫6块、塑料袋1个。

【动作发展】

基本动作：躲闪。

动作拓展：走、跑、跳、蹲、爬、变速跑、直线急停、加速跑、跨跳、手脚爬、匍匐爬、侧滚翻、侧闪、左右变向跑、支撑翻越、支撑跳跃等。

【活动过程】

（一）准备部分

1. 动态热身

跟随音乐节奏，有序进行慢跑，在慢跑的过程中，做不同动物的走、跑、跳动作，在玩中达到热身的效果。

2. 热身游戏

（1）情境创设

灵活的小猫。

（2）材料投放

长棍子2根、挡板8块。

（3）基本玩法

利用8块挡板间隔围出一个活动区域，教师双手各持1根棍子平举做好准备。

师："小猫来到了游乐场，要躲开我的棍子，棍子会出现在不同的高度和方位，你们可要小心了，小猫要机灵应对。"

幼儿在区域中自由跑动，想办法躲开摆动的棍子。

教师把棍子放低，支持幼儿跨跳，也可鼓励幼儿从棍子下方爬过。

（二）基本部分

1. 探索阶段

（1）情境创设

小猫学本领。

（2）材料投放

海绵球80个、大龙球4个、挡板8块。

（3）基本玩法

在相同的活动区域进行游戏，教师准备好各种球，幼儿面向教师。

师："我会拿球来滚向你们，速度由慢到快，小猫要灵活躲避。"

可将材料换成大龙球，适当调节大球滚动的速度和数量。

2. 学习阶段

（1）情境创设

小猫捉鱼。

（2）材料投放

粘贴背心14件（红、蓝）、海绵球80个（红、蓝）、木架子4个、平衡板3块、篮子2个、挡板8块。

（3）基本玩法

在上面活动场地的基础上，场地中间利用木架子和平衡板搭成障碍物，将场地分成2块，将两种颜色的海绵球散落在场地上，场地两端各摆放1个篮子，幼儿分成不同颜色的2组。

师："小猫分成了2组，要按颜色把小鱼捉到自己的篮子里，别搞错了。"

幼儿观察海绵球的颜色，快速跑去捡到篮子里。教师提醒幼儿躲开他人的碰撞，不可踩到海绵球。

3. 提升阶段

（1）情境创设

保护小鱼。

（2）材料投放

粘贴背心14个（红、蓝）、海绵球80个（红、蓝）、木架子4个、平衡板3块、挡板8块、体操垫6块、塑料袋1个。

（3）基本玩法

在上面活动场地的基础上，增加多个竖立的体操垫。

师："你们在捉鱼回家的时候，老师扮演的大灰狼来了，你们可以绕着体操垫躲避，想办法把更多的小鱼送回家。"

大灰狼可由幼儿扮演，可增加大灰狼数量。教师提醒幼儿巧妙利用体操垫掩护，机智灵活地躲闪跑。

（三）结束部分

师："勇敢、辛勤的小猫努力学习并亲身体验后掌握了多种躲闪的动作技能，往后的生活，小猫可以靠自己的本领生存了。经历了刺激、劳累的一天，我们一起听听轻音乐，坐在草地上捏捏小腰。摆摆小腿、压压小脚,收拾好玩具,回家了。"

(四)活动延伸

可增加互投互躲的游戏情节,从个人游戏演变为团队游戏;增加长绳、溜溜布、长皮筋等材料,通过两名教师合作将它们作为追逐的道具,通过将材料横向不同高度、分开组合、绳子交叉变换形状等设置障碍,进行原地或移动追逐的游戏,让幼儿灵活选择爬、穿、蹲、跳等多种方式进行躲闪。

宇宙大冒险（大班）

广州市南沙区实验幼儿园　黄营坤

【活动目标】

1. 乐于挑战困难，享受躲闪跑游戏的快乐。
2. 遵守游戏规则，知道躲闪的不同方法和合作的重要性。
3. 熟练掌握左右变向跑动作，能灵活躲开抛或滚过来的球。

【活动准备】

标志盘20个、贴纸、足球6个、大龙球4个、粘贴背心14件（红、蓝）、海绵球60个、胶布。

【动作发展】

基本动作：躲闪。

动作拓展：蹲、跳、跨、越、急停、多向走、变向跑、左右闪躲、左右变向跑、加速跑、互投躲闪跑等。

【活动过程】

（一）准备部分

1. 热身律动

跟随音乐节奏，一起做热身律动操。

2. 热身游戏

（1）情境创设

飞碟争夺战。

（2）材料投放

标志盘20个。

（3）基本玩法

画定长方形活动场地，场地内分散摆放标志盘。

师："我们来玩飞碟争夺战，看谁听到指令后，最先找到飞碟并举高，没有拿到飞碟的幼儿就要离开场地。"

音乐响起后，幼儿慢跑，当音乐停止后，幼儿快速取一个标志盘并举起。

可逐渐按照游戏人数情况，减少标志盘数量。

（二）基本部分

1. 探索阶段

（1）情境创设

看得准。

（2）材料投放

贴纸。

（3）基本玩法

在活动场地内，两名幼儿为一组，一名幼儿站在场地内将号码贴纸贴在衣服上（身前或身后），另一名幼儿站在线上等待。

师："看看谁的眼力最好用。我们跑过去看看小伙伴身上贴纸的数字是几。被看的小伙伴要快速跑开不让看到。如果你说对了，他就要停止游戏，下场。"

当音乐响起时，在场地边上等待的幼儿追逐并观察对方衣服上的贴纸号码，并大声喊出来。

教师可限定追逐时间和贴纸数量，提醒幼儿不要用手盖住胸前的号码。

2. 学习阶段

（1）情境创设

宇宙守卫战。

（2）材料投放

足球6个、大龙球4个、粘贴背心14件（红、蓝）。

（3）基本玩法

幼儿分为守护者队和入侵者队，守护者队将大龙球滚向活动场地内的入侵者队，入侵者队灵活躲开大龙球，被击中的入侵者要暂停游戏。

师："入侵者要占领我们星球，我们就用圆圆的大陨石来赶走他们，看他们能否躲得过。听口令，一起发射。"

教师提醒幼儿以抛的方法抛出大龙球。可将材料换成足球，教师提醒幼儿以跳起的动作躲避。还可以同时投放大龙球和足球，考验幼儿的灵活躲避能力。

3. 提升阶段

（1）情境创设

能量大战。

（2）材料投放

粘贴背心14件（红、蓝）、海绵球60个。

（3）基本玩法

一组幼儿约15人在场地内分散放置多个海绵球，参加游戏的幼儿穿粘贴背心。

师："海绵球代表我们的能量，谁能收集到更多能量球谁就能变得更厉害。听到口令后，要快跑去摘取别人的海绵球，贴到自己的背心上。同时要防止别人摘走你的能量球。谁的能量球没有了，就要暂时停止游戏。"

教师看情况规定游戏的时间，避免出现安全隐患。教师要提醒幼儿只能在背后摘取别人的小球，不要扎堆跑，尽量分散跑，寻找没有人追的幼儿去摘球。如果发现有人故意扎堆跑，就让他停止游戏。

（三）结束部分

师："太空探险的小勇士们在探险的过程中熟练掌握了不同的躲闪动作，为以后的探险之路奠定了一定的基础。小勇士们度过了刺激、惊险的一天，我们一起听听轻音乐，漂浮在太空中捏捏小腰、摆摆小腿、压压小脚，收拾好玩具，回地球了。"

（四）活动延伸

可结合球类材料，如篮球、足球、大龙球、海绵球、纸球、羊角球等，进一步拓展躲闪类游戏；看得准游戏中，说错数字的幼儿与粘贴数字贴纸的幼儿交换位置；除了躲避移动的大龙球，还可以将标志盘散落在不同的位置，躲避大龙球的同时，还需要避开标志盘（地雷）。

第三章

平衡能力类体育教学活动设计

第一节　走平衡类体育教学活动设计

小猫找食物（小班）

广州市天河第二实验幼儿园　董思

【活动目标】

1.喜欢走平衡木游戏，努力克服困难。

2.探索走平衡木的多种玩法，学习控制身体平衡。

3.能够踩绳走直线，尝试走过斜面平衡木。

【活动准备】

粗麻绳4根、平衡木4根、轮胎8个、沙包、软棒2条、标志碟8个、雪糕筒。

【动作发展】

基本动作：走平衡木。

动作拓展：走、大步走、走绳子、走木板桥、斜面走、钻拱门、下蹲走、踮脚尖走、侧身走、下蹲、跳。

【活动过程】

(一)准备部分

1. 热身律动

跟随音乐节奏,一起做热身律动操。

2. 热身游戏

(1)情境创设

小猫步子大。

(2)材料投放

5米长粗麻绳4根。

(3)基本玩法

准备2根麻绳,左右间隔30厘米,中间为小路。幼儿扮演小猫从小路走过。教师鼓励幼儿迈大步行走,强调保持身体平衡。

准备4根5米长以上的粗麻绳,放在地上拉直,根据幼儿实际能力,将小路变窄。教师鼓励幼儿扮演小动物,尝试以不同小动物的行走方式通过绳子。

(二)基本部分

1. 探索阶段

(1)情境创设

小猫过河。

(2)材料投放

平衡木4根(长3米、宽20厘米、高5厘米)、雪糕筒。

(3)基本玩法

幼儿分成4组,每一组前竖着放1根平衡木,幼儿站在起点处的雪糕筒后排队做准备。

师:"小猫要分组过河,前面有座木板桥,看看谁的过河方法与别人不同。"

音乐开始，幼儿依次从平衡木上通过。

教师提醒幼儿探索多种身体姿态通过平衡木，如矮人走、侧身走、双手举高走等。还可以将平衡木一头放在10厘米高的木块上固定，形成一个斜面，增加难度。

2. 学习阶段

（1）情境创设

小猫运食物。

（2）材料投放

平衡木4根、沙包、小拱门4个。

（3）基本玩法

将幼儿分组，每一组前竖着放2根平衡木，平衡木上放一个拱门，幼儿在起点处排队准备，拿好小沙包。

师："小猫要把粮食送到对岸去，可是桥上还有个山洞，大家要小心钻过去，把食物送到终点去，看谁最灵活。"

音乐开始，幼儿拿沙包在平衡木上通过，并钻进拱门。

可以让幼儿尝试运送不同形状、重量的道具。也可以让幼儿将沙包放在头顶通过，或手拿一个篮球，顶着沙包通过平衡木。

3. 提升阶段

（1）情境创设

小猫爱吃鱼。

（2）材料投放

轮胎8个、平衡木4根、沙包、软棒2根。

（3）基本玩法

将平衡木放在轮胎上抬高10厘米固定好，在平衡木两侧10厘米范围内四散放置多个沙包，幼儿在起点处排队准备。

师："这次小猫在过河的时候可以伸手去抓河里的小鱼，可是会有大蛇出现，你们可要小心躲避，看看谁可以抓到小鱼，每次抓一条。"

音乐响起，幼儿出发，在平衡木上蹲下抓（沙包）小鱼，然后将沙包送回家。教师拿软棒摇摆扮演大蛇出现，增加躲避环节。

（三）结束部分

师："小猫通过自己的努力找到了食物。在找食物的路上遇到了很多困难，有宽宽的河、大蛇等，你们机智勇敢地通过了独木桥。现在我们一起听听音乐放松一下，尝尝美味的小鱼吧。"

（四）活动延伸

可使用多种贴近游戏情境的背景音乐，使幼儿更投入角色扮演；可以将走平衡木和经典游戏"木头人"结合在一起，激发幼儿对走平衡木游戏的兴趣。

运输小队（中班）

广州市天河第二实验幼儿园　董思

【活动目标】

1. 乐于参与平衡木游戏，敢于挑战难度。
2. 遵守游戏规则，积极探索过平衡木的方法。
3. 能平稳地走平衡木，尝试在平衡木上拍球、接球、躲避小球。

【活动准备】

篮球或其他球、平衡木4根、体操垫、箩筐、标志盘、长绳。

【动作发展】

基本动作：走平衡木。

动作拓展：单足站、走平衡木、拍球、接球、抛接球、左右转身、下蹲、迈过绳子、跳、躲闪、伸展、勾脚。

【活动过程】

（一）准备部分

1. 热身律动

跟随音乐节奏，一起做热身律动操。

2. 热身游戏

（1）情境创设

小队员练本领。

（2）材料投放

平衡木。

（3）基本玩法

准备4根平衡木，幼儿分4组准备。

师："欢迎你们来到运输队，先来考验一下你们，看看谁会走平衡木。"

教师鼓励幼儿大胆走平衡木，对于能力弱者，给予帮助；提醒幼儿可以在走平衡木时变换各种身体动作。

（二）基本部分

1. 探索阶段

（1）情境创设

给运输车轮打气。

（2）材料投放

平衡木4根、篮球、标志盘。

（3）基本玩法

幼儿分成4组，手持篮球在雪糕筒后排队准备，每组前各竖着放一根平衡木。

师："运输车没气了，我们只要拿着小球，走到平衡木中间，在地面上完成一次反弹球，就可以帮运输车充气了，快来试一试吧。"

具体反弹球次数可以根据幼儿实际能力进行调整，等幼儿熟练后，可以让他们尝试在平衡木上完成两次左、右转身。随后，鼓励幼儿在左右两侧多次拍球。还可以在平衡木上增加标志碟，请幼儿大步迈过去，加大走平衡木的难度。

2. 学习阶段

（1）情境创设

运西瓜上车。

（2）材料投放

平衡木、篮球、箩筐、标志盘。

（3）基本玩法

把4根平衡木连接起来，在中间放筐篮球，把箩筐放在终点。

师："运输队派你们运西瓜（篮球），我会在桥的中间把西瓜传给你们，你们要接好了，然后送往终点，放进箩筐。"

音乐开始，幼儿走到平衡木中间位置时，教师将球抛给他。幼儿接球后继续往前走。

教师提醒幼儿灵活接球，机智应对。也可以往后半段的桥上放一些标志盘，增加难度。

3. 提升阶段

（1）情境创设

长蛇拦路。

（2）材料投放

平衡木、篮球、标志盘、长绳。

（3）基本玩法

在上一个游戏的基础上，增加一根长绳，与助教老师一起合作横向拉在平衡木中间，让幼儿持球过桥。

师："在运送西瓜时，发现路上有条长蛇拦路，一会儿高，一会儿低，大家可要小心了，看谁可以躲过大蛇。"

教师提醒幼儿可以蹲下躲过大蛇；抬高腿迈过大蛇；当大蛇在桥尾拦路时，要跳过大蛇。

（三）结束部分

师："运输小队遇到了各种困难，都可以机智勇敢地完成任务，真了不起。辛苦一天了,我们一起听听音乐休息一下吧。抬起手,伸长腿,勾勾脚,收拾好玩具,回家了。"

(四)活动延伸

可增加一些泡沫棒,让幼儿合作运木头,再搭配大蛇拦路的游戏会更加有趣;幼儿先做好准备,教师将球从平衡木起点抛向终点方向,幼儿快速通过平衡木并追到篮球带回队伍。

好玩的平衡单杠（大班）

广州市天河第二实验幼儿园　董思

【活动目标】

1. 大胆挑战自我，获得成功的体验。
2. 感受走不同坡面单杠时身体重心的变化，探索保持身体平衡的技巧。
3. 积极合作，能够在同伴的帮助下安全走过单杠。

【活动准备】

单杠组合4组（长3米、高10厘米）、体操垫4块、雪糕筒、足球。

【动作发展】

基本动作：单杠走平衡。

动作拓展：跑、直线跑、抱球跑、爬、走、走双杠、左右脚交替走、走斜面、侧向移动走、抱球走。

【活动过程】

（一）准备部分

1. 热身律动

跟随音乐节奏，一起做热身律动操。

2. 热身游戏

（1）情境创设

小球真爱跑。

（2）材料投放

足球、直线、雪糕筒。

（3）基本玩法

在操场上准备几条直线标记或用粉笔画出来，足球放在一边准备。

师："听说你们跑得很快，但是不知道踩着直线跑，是不是还是那么快？快来试试吧。"

幼儿熟悉后，可以每人抱着一个足球跑一跑。

（二）基本部分

1. 探索阶段

（1）情境创设

走过双杠小桥。

（2）材料投放

单杠组合4组、雪糕筒、体操垫。

（3）基本玩法

幼儿分成4组，在雪糕筒起点后排队准备，每组前各竖着放一组单杠组合。

师："我们要通过双杠小桥，看看谁敢走上去，走得最稳。"

音乐开始，幼儿左右脚各踩单杠往前走。

教师鼓励幼儿探索通过单杠组合的不同方式。

2. 学习阶段

（1）情境创设

斜面双杠桥。

（2）材料投放

单杠组合4组、雪糕筒、体操垫。

（3）基本玩法

将两组单杠组合在两层高的体操垫上，另外两组单杠组合在一层高的体操垫上，形成两种不同难度的斜面小桥。

师："双杠小桥发生了变化，快来看一看，变成斜面了，你们能安全通过吗？请自主选择试一试吧。"

教师提醒幼儿要看准了，如果站不稳就马上走下来，懂得保护自己，鼓励幼儿两两合作通过。

3. 提升阶段

（1）情境创设

比一比。

（2）材料投放

足球、单杠组合4组、雪糕筒、体操垫。

（3）基本玩法

幼儿分成4队，两两一组合作，每队前竖着放1组单杠组合：杠上幼儿单手抱着足球或用其他方式带球在杠上移动，杠下幼儿来搀扶。

师："接下来，要进行一场比赛，看看哪一组能最快将足球运到对面去。到了对面不要回来，在对面等候，喊加油。"

教师提醒幼儿抱好球的同时，侧向移动看准单杠踩稳了。如果中途掉下来就要回去重新开始。

（三）结束部分

师："大家想一想，今天我们在杠上找到了几种玩法，请一个小朋友分享一下。最后请大家跟我一起伸直手臂，两脚并拢，摸脚尖，把球送回家，我们下次再见。"

（四）活动延伸

可将单杠组合换成安吉梯，架在台阶上也能产生同样的游戏效果；可以在两根单杠的玩法中多引导两名幼儿同时走双杠，或者一个背面，一个正面，探索多种合作的方式；可以将安吉单梯架在单杠上固定好，开展材料组合游戏。

第二节 侧滚翻类体育教学活动设计

小刺猬采果子（小班）

清远市新北江幼儿园　刘丽娟

【活动目标】

1. 喜欢在垫子上玩游戏。
2. 体验和了解侧滚翻动作，学会保护头部的方法。
3. 能在垫子上连续侧滚翻5米以上。

【活动准备】

折叠垫12块、粘贴毛球、布球、箩筐4个。

【动作发展】

基本动作：侧滚翻。

动作拓展：徒手侧滚翻、走、跑、支撑、加速侧滚翻、持物侧滚翻。

【活动过程】

（一）准备活动

1. 热身律动

跟随音乐节奏，一起做热身律动操。

2. 热身游戏

（1）情境创设

小刺猬去散步。

（2）基本玩法

师："今天天气很好，快跟着刺猬妈妈去散散步，采果子吧。"

幼儿跟着教师一起去看看周围的垫子、海绵球、箩筐等，熟悉器械和材料。

（二）基本部分

1. 探索阶段

（1）情境创设

采果子送爷爷。

（2）材料投放

折叠垫4块，每块垫子长约1.2米。

（3）基本玩法

幼儿分成四组，每组前放一张垫子。

师："刺猬爷爷年纪大了，行动不方便，你们都是好孩子，我们捡一些果子送给他吧。先要练一练侧滚翻的本领，看谁是采果子的小能手。"

教师播放音乐，幼儿自主选择，在折叠垫上依次练习侧滚翻。一名幼儿示范，教师提醒幼儿开动脑筋，协调用力。

2. 学习阶段

（1）情境创设

看谁采的果子多。

（2）材料投放

折叠垫8块、毛球、箩筐。

（3）基本玩法

在上一个游戏的基础上，增加毛球，分散放在折叠垫上。

师："小刺猬学会侧滚翻的本领了吗？我们来试试，看谁采的果子多。"

幼儿分组，从A点侧滚翻到B点，距离为1.2米，把毛球（果子）运到指定的箩筐里。

教师反复调整场地和材料，请幼儿多次尝试，及时进行动作指导。

3. 提升阶段

（1）情境创设

比赛采果子。

（2）材料投放

折叠垫4块、布球。

（3）基本玩法

教师提前将布球放在终点处，幼儿分成4路中队准备。

师："看，山那边的树上还掉下很多果子，小刺猬要翻滚过到终点后，拿着果子再原路翻滚回来，下一个再出发。看看哪一组捡回来的果子最多，一起送给刺猬爷爷。"

可以更换树下的果子为大西瓜，让幼儿体验抱着西瓜翻滚的动作。

（三）结束部分

师："小刺猬采的果子真多呀，刺猬爷爷都收到果子了，他夸奖你们是尊敬老人的好孩子。"

教师带领幼儿跟随轻音乐放松身心，并进行活动小结，收器械回班。

（四）活动延伸

抱着玩具翻滚是最常见的游戏，有趣而刺激。常用的材料有报纸、泡沫棒、纸棒。还可以玩卷窗帘的游戏。

勇敢的小士兵（中班）

清远市新北江幼儿园　刘丽娟

【活动目标】

1. 喜欢玩翻滚游戏，敢于挑战自我。
2. 遵守规则，探索多种翻滚动作。
3. 能左右翻滚，灵活躲避投来的小球。

【活动准备】

体操垫、海绵球、箩筐、绳子、迷彩网3张、篮球、定点标志物。

【动作发展】

基本动作：侧滚翻。

动作拓展：原地踏步、快慢跑、下蹲走、踮脚尖走、支撑爬行、趴、左右侧身翻滚、侧滚翻躲避、匍匐前进、连续侧滚翻、抱物侧滚翻、斜面侧滚翻。

【活动过程】

（一）准备部分

1. 热身律动

跟随音乐节奏，一起做热身律动操。

2. 热身游戏

（1）情境创设

我是小兵。

（2）基本玩法

师："小兵们，今天是你们入营的第一天，我是你们的班长，练习好本领将来要保家卫国、保护人民，我们先来练习本领吧！"

幼儿扮演小兵，练习立正、稍息、向前看、原地踏步等。之后，教师带领幼儿快慢跑、矮人走、高人走、支撑爬行等，进行热身练习。

（二）基本部分

1. 探索阶段

（1）情境创设

机灵躲子弹。

（2）材料投放

体操垫8块、海绵球1筐。

（3）基本玩法

把垫子铺好一排，让幼儿趴上去，远处准备一筐海绵球。

师："刚才我发现有的小士兵动作很有力。如果子弹打来了，我们要趴在垫子上侧滚翻躲避，看谁最灵活。"

教师在远处将球投向幼儿，提醒幼儿左右侧身翻滚，和旁边幼儿保持安全距离。

2. 学习阶段

（1）情境创设

穿越封锁线。

（2）材料投放

设置两段较高的迷彩网（长度1.5米）、体操垫8块。

（3）基本玩法

师："小士兵接下来还要完成更艰巨的任务。现在我们要翻滚穿越封锁线（迷彩网）后，才能到下一关运送弹药。"

教师提醒幼儿如果不能侧滚翻过迷彩网，可以采用匍匐前进的方式，不要被敌人炮弹打到。

3. 提升阶段

（1）情境创设

斜面送西瓜。

（2）材料投放

轮胎、体操垫、篮球。

（3）基本玩法

将垫子铺在轮胎上面，变成斜面，让幼儿抱着篮球准备。

师："士兵口渴了，我们要送些西瓜给他们，可是要经过一个斜面，侧滚翻时要保护好西瓜，看谁可以完成任务。"

增加斜面角度，可以调整西瓜大小，一般采用三号或五号小篮球。

（三）结束部分

师："今天的小士兵练习了许多本领，还完成了重要任务，真棒！跟随班长一起放松身体吧。"

教师带领幼儿做放松动作，把器械收好回班。

（四）活动延伸

可以利用小斜坡或草地斜坡来玩侧滚翻游戏，也可以建议幼儿园建造专门的斜坡供幼儿玩此类游戏。

美味蛋卷（大班）

清远市新北江幼儿园　刘丽娟

【活动目标】

1. 喜爱侧滚翻游戏，勇于挑战。
2. 遵守规则，探索多种侧滚翻动作。
3. 能灵活侧滚翻，用身体将长布卷起来。

【活动准备】

长布条（长7米，宽40厘米）7条、泡沫棒。

【动作发展】

基本动作：侧滚翻。

动作拓展：侧滚翻缠布条、加速侧滚翻、持物侧滚翻、合作侧滚翻。

【活动过程】

（一）准备部分

1. 热身律动

跟随音乐节奏，一起做热身律动操。

2. 热身游戏

（1）情境创设

跳过小河。

（2）材料投放

长布条7条。

（3）基本玩法

教师将7条长布条拉直铺在操场。

师："今天我们出去玩游戏，路上遇到了几条大河，大家想办法，试试用力跳过小河。"

教师提醒幼儿可以跨跳过去或迈过去，不要踩到长布条。

（二）基本部分

1. 探索阶段

（1）情境创设

制作美味蛋卷。

（2）材料投放

长布条7条（布条不要太宽，避免缠住头，影响幼儿的判断）。

（3）基本玩法

将7条长布条拉直铺在操场，幼儿分成7组准备。

师："今天举办生日会，我们准备了好玩的游戏，看看谁能拉紧布条，缠着自己的身体侧滚翻，把自己包住，变成美味的蛋卷。"

教师提醒幼儿依次游戏，仔细看同伴的侧滚翻动作，还要能够快速倒卷。

2. 学习阶段

（1）情境创设

制作夹心卷。

（2）材料投放

长布条7条、泡沫棒。

（3）基本玩法

幼儿保持7组不变，每组增加一些泡沫棒。

师："我们还可以制作夹心蛋卷，你们可以抱着泡沫棒缠着布条翻滚，看看能不能把自己成功包住。"

教师提醒幼儿快速侧滚翻时要把头露出来，侧翻时尽量保持直线。

3. 提升阶段

（1）情境创设

双人蛋卷。

（2）材料投放

长布条7条、泡沫棒。

（3）基本玩法

幼儿保持7组不变，站在布条两头，准备同时出发。

师："接下来我们准备制作最好吃的双人蛋卷。每组两人同时出发卷过去，允许抱着泡沫棒翻滚，看看哪一组配合得最好。"

教师提醒幼儿相互观察同伴翻滚速度，相互配合滚到中点。

（三）结束部分

师："美味的蛋卷做好了，小鸡、小羊都来参加聚会了，我们一起欢迎它们吧！"

教师带领幼儿一起甩甩手臂、转转脖子、敲敲腿，小结后一起收好器械。

（四）活动延伸

长一点的软绳也是玩侧滚翻游戏的好材料。教师可以提供不同长短、粗细、颜色、材质的绳子让幼儿自选，看看幼儿能不能探索出更好玩的侧滚翻游戏。

第三节 绳桥类体育教学活动设计

小蚂蚁运粮食（小班）

广东省育才幼儿园二院　石鲤维

【活动目标】

1. 喜欢绳桥游戏，敢于接受挑战。
2. 遵守游戏规则，懂得自我保护和拉开安全距离。
3. 探索走平衡的动作，能拿着雪花片走过摇晃的双绳桥。

【活动准备】

长绳、10米长麻绳2根、自制方形纸盒、雪花片、收纳箱4个。

【动作发展】

基本动作：身体平衡能力。

动作拓展：沿线走、快慢变速交替走、跑、侧身走、正面走、后退走、转身行走、踩绳前行、悬空绳上前行、绕开障碍物走。

【活动过程】

（一）准备部分

1. 热身律动

跟随音乐节奏，一起做热身律动操。

2. 热身游戏

（1）情境创设

小蚂蚁出巢。

（2）基本玩法

幼儿扮演蚂蚁宝宝，能够平稳地站在白线上，在教师的带领下，跟随音乐的节奏变速行进。当熟悉路线后，逐渐转变成慢跑。教师提醒幼儿与同伴之间保持距离，像蚂蚁出洞一样依次跟随。

（二）基本部分

1. 探索阶段

（1）情境创设

小蚂蚁觅食。

（2）材料投放

长绳4根、雪花片、收纳箱4个、雪糕筒4个。

（3）基本玩法

将4根长绳拉直，摆放在操场中，终点处放一些雪花片。

师："小蚂蚁要出去找食物，踩着绳子往前走，把终点的雪花片拿回来，看谁能踩着绳子走，变化不同的行走动作，小脚不离开绳子。"

教师提醒幼儿踩着绳子侧身走、后退走、在绳子上转个身等。

2. 学习阶段

（1）情境创设

小蚂蚁走双绳桥。

（2）材料投放

长粗绳2根、临近的大树。

（3）基本玩法

将2根粗绳绑在临近的两棵树上拉直，下绳距离地面20厘米，上绳距离下绳约1.2米。

师："小蚂蚁要练本领，走过一座双绳桥。小蚂蚁要抓着上面的绳子，踩着下面的绳子，慢慢走过去，看谁最勇敢。"

教师提醒幼儿手抓紧，眼看准，脚要踩稳。

3. 提升阶段

（1）情境创设

小蚂蚁运粮食。

（2）材料投放

绳子、自制方形纸盒、雪花片、收纳箱4个。

（3）基本玩法

在双绳桥起点处放置一些雪花片，在终点处放一个收纳箱。

师："小蚂蚁要把这些食物运到对面去。小蚂蚁小手要抓紧雪花片，走过双绳桥，到了终点，把雪花片放进收纳箱，就算成功。"

教师提醒前一名幼儿走到桥中间时，下一名幼儿就可以出发了。

（三）结束部分

师："小蚂蚁们通过了重重难关，克服困难，顺利将粮食运送到家里了，我们一起庆祝一下吧。拍拍身上的灰尘，抖抖腿上的泥巴，换上美丽的新衣裳开始我们的联欢会吧。"

（四）活动延伸

在游戏中，可以增添更多的物品充当粮食，如小沙包、篮球、足球等，甚至可以放置一些重量和体积较大的物品。

猴子过桥（中班）

广东省育才幼儿园二院　石鲤维

【活动目标】

1. 感受有趣的平衡游戏，积极克服困难。
2. 遵守游戏规则，探索在绳桥上保持平衡的方法。
3. 能抓紧单杠，荡秋千踢球，还能连续走过摇晃的荡桥。

【活动准备】

自制水管支撑架（长的1.6米、短的0.5米）各4根、麻绳、软垫、固定麻绳的柱子、楼梯平台、纸盒。

【动作发展】

基本动作：平衡协调能力。

动作拓展：走、双手支撑悬空站立、左右脚交替悬空踩绳、抛投、踢球、躲闪、悬空绳上前行、悬空绳上横移、上臂支撑、上肢抓握。

【活动过程】

（一）准备部分

1. 热身律动

跟随音乐节奏，一起做热身律动操。

2. 热身游戏

（1）情境创设

小猴子站得稳。

（2）基本玩法

师："小猴子们今天一起出去玩秋千，在玩游戏之前，咱们先看看谁站得最稳，我们先来转一圈，站稳了，不要动。"

教师提醒幼儿不要转得太快，可以慢慢多转几圈，试试能不能站得稳。

（二）基本部分

1. 探索阶段

（1）情境创设

小猴子玩秋千。

（2）材料投放

自制水管支架6根（高1.2米，长5米）、软垫、长麻绳。

（3）基本玩法

教师在每个单杠上绑上几根绳子，做成几个小秋千，让幼儿自主选择。幼儿手扶着单杠踩上去，身体悬空，看谁坚持得久。

师："小猴子们来玩小秋千吧，依次走上去试试，看谁能站在上面坚持10秒钟。"

教师提醒幼儿手抓紧单杠，不要在秋千上大力摇晃，可以换脚交替踩绳子。

2. 学习阶段

（1）情境创设

小猴子秋千上踢球。

（2）材料投放

自制水管支架6根（高1.2米，长5米）、软垫、长麻绳、软皮球。

（3）基本玩法

在上一个游戏的基础上，增加多个软皮球，请另一组幼儿拿起皮球向绳上的幼儿丢去。

师："小猴子在玩秋千，狗熊也想来玩，它就把皮球往小猴子身上投，想让小猴子离开，小猴子就用小脚把它的球踢开，看谁能踢到。"

教师提醒幼儿投球时往腿上抛投，绳子上的幼儿做好准备，手要抓紧单杠，将球踢开，两分钟后幼儿交换角色玩游戏。

3. 提升阶段

（1）情境创设

小猴子过秋千桥。

（2）材料投放

自制水管支架6根（高1.2米，长5米）、软垫、长麻绳、秋千。

（3）基本玩法

一个单杠上绑4个秋千，距离适宜，方便幼儿从旁边的秋千走过来。

师："狗熊不相信小猴子可以走过4个秋千，我们就让它看看好吗？先看我是怎么做的。要抓紧单杠，踩着绳子向旁边的秋千移动，踩稳一个秋千走过去，手一定要抓紧了。"

教师提醒幼儿侧身移动时，先稳定身体，再出脚。

（三）结束部分

师："恭喜小猴子们完成了所有挑战，你们的表现都非常棒。相信你们都非常累了，来，一起放松一下身体。摸一下高高的天空，碰一下大地，深吸一口气，一起收拾器材回班。"

（四）活动延伸

建议幼儿园建设专门的荡绳区，或制作简易的单杠，底座要够稳，方便教师绑上绳子，创设荡绳类游戏。

巧渡荡绳桥（大班）

广东省育才幼儿园二院　石鲤维

【活动目标】

1. 勇于挑战自我，体验游戏的乐趣。
2. 懂得保护自己，积极探索身体的能力和过桥的方法。
3. 能够灵活控制身体安全地过桥。

【活动准备】

树桩或树木、麻绳、短绳、软垫、呼啦圈、小板凳。

【动作发展】

基本动作：身体平衡能力。

动作拓展：走、悬空绳上前行、上肢支撑、用力抓握、跨越、悬垂、悬空、绳上横移。

【活动过程】

（一）准备部分

1. 热身律动

跟随音乐节奏，一起做热身律动操。

2. 热身游戏

（1）情境创设

小士兵过绳桥。

（2）材料投放

软垫、麻绳。

（3）基本玩法

将两根麻绳一高一低固定在树桩两头，两绳之间高度为1.3米。幼儿脚踩低绳手抓高绳，依次通过绳桥。

师："今天我们化身厉害的小士兵，挑战过绳桥。先看老师示范。我们要抓紧高的绳子，脚踩低的绳子，慢慢移动过桥。"

教师要注意保护和帮助幼儿，提醒幼儿体验时要保持安全距离。

（二）基本部分

1. 探索阶段

（1）情境创设

有障碍的绳桥。

（2）材料投放

麻绳、呼啦圈、软垫。

（3）基本玩法

在前一个游戏的基础上，将呼啦圈固定在两根绳中间当作山洞，让幼儿钻过山洞走过绳桥，达到增加游戏趣味性的目的。

师："不好了！敌人在桥上布置了很多圆圈陷阱，我们应该怎样过桥呢？我们一起尝试一下吧。"

教师鼓励幼儿不畏困难，提醒幼儿与同伴之间保持距离。

2. 学习阶段

（1）情境创设

超级障碍绳桥。

（2）材料投放

麻绳、呼啦圈、短绳、软垫。

（3）基本玩法

在前一个游戏的基础上，将手抓的绳子高度提升至1.6米，在绳子上绑一些短绳垂下来，让幼儿抓着短绳走过桥。

师："小士兵们快来看，绳子有变化了，多了一些垂下来的绳子，大家试着抓住绳子慢慢过桥。"

幼儿活动时教师需要给予保护和帮助，对于能力较弱的幼儿给予一定的辅助。

3. 提升阶段

（1）情境创设

会晃动的绳桥。

（2）材料投放

麻绳、呼啦圈、软垫、小凳子。

（3）基本玩法

在走过有障碍的绳桥游戏的基础上，教师尝试将绳子晃动起来增加游戏的趣味性和难度。幼儿通过时，先从手抓的绳子开始晃动再到脚踩的绳子晃动，最后两根绳子一起晃动。

师："突然刮起了大风，绳桥摇摇晃晃的，越来越危险了，小士兵一起想办法，克服困难。"

绳晃动的速度由慢到快，且力度不宜过大，让幼儿有适应的过程。

（三）结束部分

教师带领幼儿进行放松活动，表扬和鼓励幼儿积极参与体育锻炼。

师："小士兵们安全顺利地踩着绳桥渡过了大河，都非常勇敢。我们捏一捏手臂，相互拥抱一下吧。"

（四）活动延伸

可合理利用幼儿园现有的自然资源，如树木、栏杆、双杠，绑上绳索，鼓励幼儿玩有趣的荡绳游戏。

第四节 常见车类体育教学活动设计

开车捡果子(小班)

广州市天河第二实验幼儿园　黄敏芳

【活动目标】

1. 喜欢玩车,积极参与到玩车活动中。
2. 探索控制平衡滑步车的方法。
3. 能够驾驶滑步车平稳滑行。

【活动准备】

平衡滑步车配护具、标志盘、长绳、小拱门、泡沫棒、雪糕筒。

【动作发展】

基本动作:下肢滑行。

动作拓展:推车、推车绕行、直线滑行、骑车绕行、滑行钻拱门、持物滑行。

【活动过程】

(一) 准备部分

1. 热身律动

跟随音乐节奏，一起做热身律动操。

2. 热身游戏

（1）情境创设

推车去加油。

（2）材料投放

平衡滑步车、护具、长绳5根、雪糕筒。

（3）基本玩法

设置5条加油路线，起点到终点距离10米。

师："小骑手们的滑行车没油了，大家需要一起推着车找到一个加油站给小车加油。"

在幼儿熟练后增加雪糕筒，让幼儿推车绕行。

(二) 基本部分

1. 探索阶段

（1）情境创设

骑车走直线。

（2）材料投放

平衡滑步车、护具、长绳。

（3）基本玩法

教师把绳子拉直，形成4条车道。

师："加完油了，我们来试试骑车走直线，出发到终点后，从旁边绕回到起点。"

教师提醒幼儿保持距离，不要着急，尝试直线滑行，探索平衡滑行的方法。

2. 学习阶段

（1）情境创设

开车运果子。

（2）材料投放

平衡滑步车、护具、长绳、海绵球。

（3）基本玩法

提前将海绵球放在终点，幼儿在起点准备。

师："小骑手开车去运果子吧。到了终点，每次捡一个果子（海绵球）从外围绕回来，再去运第二个，快来试试吧。"

教师提醒幼儿可以将海绵球放在口袋里，也可以拿在手上，滑行时要向前看，握稳扶手。

3. 提升阶段

（1）情境创设

滑行钻山洞。

（2）材料投放

平衡滑步车、长绳、海绵球、拱门。

（3）基本玩法

每一条路上放3个拱门，幼儿滑行时钻过拱门去捡果子。

师："这次去捡果子，我们要经过一个山洞，你们可要注意了，别把拱门撞倒了。"

教师提醒幼儿滑行到拱门时控制速度，弯腰低头通过。

（三）结束部分

师："小骑手们不怕困难，开着滑行车钻过山洞，捡果子，成功完成了任务。现在，我们一起相互按摩一下腿，抖一抖小脚，把小车停到车库，我们下次再来玩吧。"

（四）活动延伸

教师建议家长为幼儿配备滑行车，在周围找一些斜面场地来玩，要戴好护具。

货车小司机（小班）

广州市第二幼儿园　彭松山

【活动目标】

1. 喜欢玩独轮车游戏，开心地运送货物。
2. 遵守游戏规则，探索平稳推独轮车的方法。
3. 能控制好独轮车，装载更多货物，保持稳定，按要求完成任务。

【活动准备】

红绿灯指示牌、独轮车30辆、海绵球40个、波波球200个、雪糕筒15个、拱门9个、空器械车2辆、篮球、长木板9块、空纸箱2个、仓库贴纸2张。

【动作发展】

基本动作：平衡。

动作拓展：跑、四散跑、按线路跑、推车、推车绕行、运物、斜面推车、绕障碍推车、推车钻山洞。

【活动过程】

（一）准备部分

1. 热身律动

幼儿听着音乐，跟随教师一起做热身律动操。

2. 热身游戏

（1）情境创设

交通灯。

（2）材料投放

红绿灯指示牌、操场固定网格线（宽20厘米）。

（3）基本玩法

师："小司机们要开车出去了，看看谁最会看交通灯。"

在教师的带领下，所有幼儿散开，扮演小司机握着方向盘跑动起来。当音乐暂停时，教师单手举起红灯指示牌，小司机们要停车。当教师转换成绿灯指示牌时，小司机们继续开动小车。

教师提醒所有幼儿选好操场地面的网格线，尽量在线上跑。

（二）基本部分

1. 探索阶段

（1）情境创设

练习刹车。

（2）材料投放

独轮车。

（3）基本玩法

所有司机双手推动独轮车在操场上行走。

师："小司机现在要开车出去了，可是先要学会停车、刹车。如果听见刹车的口令，请你们快速停下，看看谁停车的动作和别人不一样。"

教师提醒幼儿可以在行进中采用双脚刹车、单脚刹车，看看谁的动作灵活。

2. 学习阶段

（1）情境创设

忙碌的货运站。

（2）材料投放

独轮车、波波球、篮球、空纸箱2个（贴好仓库贴纸）。

（3）基本玩法

在操场两边摆放2个纸箱（贴好仓库贴纸），仓库对面撒满波波球，操场中间位置预留出来。

师："小货车司机推着独轮车到果园里收集彩色百香果（波波球）到仓库，百香果体积小，你们每次可以装多点，但是要保持独轮车平衡，可别翻车了。"

教师提醒幼儿双手抓稳，保持平衡。还可以提供一些大西瓜（篮球）让幼儿运送，提醒幼儿放慢速度。

3. 提升阶段

（1）情境创设

货车司机技能大比拼。

（2）材料投放

独轮车、拱门9个、雪糕筒15个、木板9块。

（3）基本玩法

用拱门、雪糕筒、木板等材料搭建好山洞、赛道、斜面等场景。

师："接下来，小货车司机要来一次技能大赛，要先推着独轮车钻过山洞，然后绕过雪糕筒，最后推上斜面。小司机到达终点后，将海绵球放在纸箱里，快速推回起点，交给下一个小伙伴。"

提醒幼儿握紧独轮车，判断好路线，专注游戏。还可调整雪糕筒之间的距离或调整斜面角度，来增加游戏的难度。

（三）结束部分

师："小司机们今天会看红绿灯、紧急刹车、运果子，还进行了技能大赛，你们真能干。让我们一起拍拍手、扭扭腰，放松一下吧！"

（四）活动延伸

教师可以带着幼儿在幼儿园的各种场地上推独轮车，让幼儿尝试体验各种不同高度、宽窄的路面。

有趣的滑板车（中班）

广州市天河第二实验幼儿园　黄敏芳

【活动目标】

1. 积极参与感统滑板车游戏，敢于挑战。
2. 了解与体验感统滑板车的多种玩法。
3. 能够安全地将感统滑板车滑行到指定位置。

【活动准备】

感统滑板车配护具、标志盘、小拱门、3号/5号篮球。

【动作发展】

基本动作：滑行。

动作拓展：抓握、推拉、趴、手脚撑地前行、蹬、滑行。

【活动过程】

（一）准备部分

1. 热身律动

跟随音乐节奏，一起做热身律动操。

2. 热身游戏

（1）情境创设

飞机上道。

（2）材料投放

感统滑板车配护具、标志盘。

（3）基本玩法

幼儿两人一组，一人盘腿坐在感统滑板车上，双手紧握两侧的把手，另外一名幼儿推着滑板车缓慢移动。

（二）基本部分

1. 探索阶段

（1）情境创设

开飞机。

（2）材料投放

感统滑板车及护具。

（3）基本玩法

幼儿拿着滑板车四散找到舒服的位置，趴在感统滑板车上，扮演小飞行员。

师："今天我们扮演飞行员，一起来开飞机吧。趴在滑板车上，用手脚撑地向前移动，看看能不能向前滑行。"

教师提醒幼儿协调用力撑地，与其他同伴保持距离。

2. 学习阶段

（1）情境创设

助力飞行。

（2）材料投放

感统滑板车及护具。

（3）基本玩法

幼儿两人一组，相互合作找朋友。

师："我们试试两人合作助力飞行。一个趴在滑板车上，另一个在后面抓着同伴的腿向前推，用力推出去后放手，看同伴能否获得助力，向前滑行。"

教师提醒幼儿往空旷的场地推，不要与其他小组撞在一起。

3. 提升阶段。

（1）情境创设

拉力滑行车。

（2）材料投放

感统滑板车、护具、绳子。

（3）基本玩法

教师提前将绳子绑在滑板车的耳朵上，可拉着绳子向前滑行。

师："我们把滑板车变成了拉力车，看看你能不能拉着伙伴出去旅游，但是不要和别的旅游车撞在一起了。"

教师提醒幼儿找准旅游路线，玩一会儿后两人要交换角色。在滑板车上的幼儿可以做出各种各样的动作，创意发挥。

（三）结束部分

师："小朋友分享一下今天的飞行心得吧！说一说飞行员是怎样快速起飞的。你们配合得真好，现在我们一起听音乐放松一下。拉拉腿、抬手放松，我们停好飞机，回家了！"

（四）活动延伸

滑板车与绳子搭配的玩法很多，在幼儿熟悉玩法的基础上，可以增加各类辅助材料玩游戏，如拱门、折叠垫、海绵球、海绵棒等。

勇敢的小骑手（中班）

广州市第二幼儿园　彭松山

【活动目标】

1. 体验紧张刺激的氛围，享受运动的快乐。
2. 遵守游戏规则，懂得保护自己。
3. 能自如地控制车的起停、滑行，并能躲避物体。

【活动准备】

滑行车26辆、护具、纸盒、纸片、树叶、各种球、海绵棒、平衡板4个、折叠垫4块。

【动作发展】

基本动作：骑滑行车。

动作拓展：骑行、变向骑行、持物骑行、斜面滑行、绕障碍骑行、骑行躲避。

【活动过程】

（一）准备部分

1. 热身律动

跟随音乐节奏，一起做热身律动操。

2. 热身游戏

（1）情境创设

小骑手捡树叶。

（2）材料投放

滑行车、骑车护具、树叶或纸片。

（3）基本玩法

教师提前将落叶或者纸片放在场地周围，准备带着幼儿一起骑车出去找树叶玩。

师："今天我们骑着滑行车出去找树叶，运回来放在场地的中间，看你们能找到多少树叶。"

教师提醒幼儿与其他小车保持距离，不要行进得太快。

（二）基本部分

1. 探索阶段

（1）情境创设

喂喂蚕宝宝。

（2）材料投放

滑行车、护具、纸盒、纸片、树叶。

（3）基本玩法

教师提前让幼儿将多个纸盒摆放在操场周围，当作蚕宝宝的家。

师："树林里的蚕宝宝饿了，请你们骑着滑行车给蚕宝宝送桑叶。我们把场地中间的树叶当成桑叶，每次只能拿一片桑叶去喂蚕宝宝。喂完后，可以再换一个来喂。"

教师提醒幼儿开车时与纸盒保持距离，预先定好路线。

2. 学习阶段

（1）情境创设

小骑手特技表演。

（2）材料投放

滑行车、护具、海绵棒、平衡板4个、折叠垫4块。

（3）基本玩法

将平衡板搭在折叠垫上，变成斜面，将幼儿分成4组。

师："小骑手要进行特技表演，从斜面上滑下来，看看能够滑多远。滑行时，把脚抬离地面，快来试试吧。"

教师提醒幼儿依次大胆尝试，还可以调整斜坡的角度，增加滑行难度。

3. 提升阶段

（1）情境创设

车技大考验。

（2）材料投放

滑行车、护具、波波球、海绵棒、平衡板4个、折叠垫4块。

（3）基本玩法

将波波球摆放在斜坡前面，距离斜坡约5米远，球之间的距离大于80厘米。

师："为了考验小骑手的车技，斜坡上放置了很多波波球，你们要想办法避开，别碰到波波球。看哪个小骑手车技最好。"

教师提醒幼儿骑车时往前看，注意力集中，控制好滑行路线，灵活避开波波球。

（三）结束部分

师："今天你们骑滑行车捡了桑叶，喂了蚕宝宝，还进行了特技表演，通过了车技大考验，真的太棒了。接下来我们放松一下身体吧！"幼儿与教师一起整理放松，收车回班。

（四）活动延伸

可以在滑行车的前把上固定一个小盒子，运送一些小的物品，激发幼儿的骑行兴趣。

快乐三轮车（大班）

广州市天河第二实验幼儿园　黄敏芳

【活动目标】

1. 喜欢与同伴玩骑行游戏，勇于挑战。
2. 探索在移动的车上控制身体平衡的办法。
3. 能在移动的车上控制身体平衡，完成游戏任务。

【活动准备】

三轮脚踏车、篮球、呼啦圈、沙包、雪糕筒、纸箱。

【动作发展】

基本动作：骑三轮车。

动作拓展：骑车、蹬、踏、拉、抛、投球、坐着拍球。

【活动过程】

（一）准备部分

1. 热身律动

跟随音乐节奏，一起做热身律动操。

2. 热身游戏

（1）情境创设

合作出游。

（2）材料投放

三轮脚踏板车。

（3）基本玩法

师："小朋友们骑车快乐出游了。要两个人合作，一个骑车，一个坐车，等一会儿，再交换。大家准备好，让我们一起出发吧。"

两人合作，后座幼儿自然站立，膝盖微屈降低重心。站立时上体略前倾，双手轻扶前座幼儿双肩。教师鼓励后座幼儿多尝试不同方式坐着或站着。

（二）基本部分

1. 探索阶段

（1）情境创设

春天播种。

（2）材料投放

双人三轮脚踏车、沙包、呼啦圈。

（3）基本玩法

准备一个较为宽敞的场地，场地内放一些呼啦圈。幼儿两人一组，骑一辆三轮车。

师："春天来了，我们要去播种了，两人合作，前面的小伙伴做司机，后面的小伙伴来播种，要把沙包投到指定的圈内，才算播种成功。"

后座的幼儿从起点拿好沙包，保持身体平衡，尝试不同方位站立。当车经过呼啦圈时，将沙包瞄准呼啦圈，抛进去。然后回到起点，与小司机交换再来一次。

教师在起点处放沙包，让幼儿在骑行过程中将沙包抛进呼啦圈。沙包入圈，表示播种成功。

2. 学习阶段

（1）情境创设

坐车拍球。

（2）材料投放

双人三轮脚踏车、篮球。

（3）基本玩法

教师将篮球发给每一组幼儿，两人继续合作。

师："这次小伙伴要来试一下，看看能不能合作坐在车上拍球。"

后面的幼儿坐下来，一只手扶着前面的幼儿，另一只手尝试拍球。熟悉之后，后面的幼儿可以站起来拍球。

教师提醒幼儿要相互配合好，一开始，行进得慢一些，到了终点之后进行交换。

3. 提升阶段

（1）情境创设

骑车运球去投篮。

（2）材料投放

三轮脚踏车、篮球、纸箱。

（3）基本玩法

教师在终点准备篮球架，在三轮脚踏车后面绑一个箱子，出发前幼儿拿一个篮球放到箱子里。

师："接下来，我们一起把篮球运到终点去投篮吧，看看谁投得最准。"

骑车到达终点之后，幼儿站起来将篮球投入终点的纸箱就算成功。

教师可以准备篮球架，让幼儿练习投篮。幼儿每次运球过来，规定只能投2次。没有投进的，骑车将篮球运回起点，再来一次。

（三）结束部分

教师带领幼儿跟随轻音乐放松身心，让幼儿分享合作骑车的方法，进行腿部拉伸和放松，收器械回班。

（四）活动延伸

教师鼓励幼儿挑战多种玩车游戏，在玩车游戏中创意使用其他的道具和材料。

我是快递员（大班）

广州市第二幼儿园　彭松山

【活动目标】

1. 体验游戏角色，热爱运动。
2. 了解和掌握三轮车的骑行方法。
3. 能熟练骑行三轮车，改变不同路线躲开障碍物，将快递送到指定位置。

【活动准备】

三轮车（后座可坐一个小朋友也可以存放货物）、雪糕筒20个、折叠垫、场所标志贴纸（银行、地铁、餐厅、电影院、幼儿园、超市、公交站、游乐场）、小纸箱30个、波波球约100个、各种形状的积木约50块、空器械车（蜂巢箱）3辆。

【动作发展】

基本动作：踩三轮车。

动作拓展：跑、马步、直线骑行、按线路骑行、骑车绕行、躲开障碍。

【活动过程】

（一）准备部分

1. 热身律动

幼儿听着音乐，跟随教师一起做热身律动操。

2. 热身游戏

（1）情境创设

学开车。

（2）材料投放

好玩的三轮车。

（3）基本玩法

师："今天天气真好，我们一起开着三轮车出去玩。当音乐暂停时，要迅速做好刹车的姿势，看谁的动作最像。"

教师引导幼儿做出各种刹车的动作，要求动作夸张，激发幼儿运动兴趣。

（二）基本部分

1. 探索阶段

（1）情境创设

快递员考驾照。

（2）材料投放

三轮车、雪糕筒。

（3）基本玩法

四周摆放好雪糕筒，构建一条路线，将幼儿组成一个车队。

师："快递员在工作前需要先考驾照，学会开车。开着三轮车绕过雪糕筒，按路线行进到终点，就算考核成功。"

教师提醒幼儿开车时眼睛往前看，判断好行进路线，控制好三轮车的行进方向，安全驾驶。

2. 学习阶段

（1）情境创设

路上的移动墙。

（2）材料投放

三轮车、雪糕筒、折叠垫。

（3）基本玩法

教师提着一块折叠垫（像是一堵移动的高墙）设置路障难度。

师："快递员在送快递的过程中会遇到一些移动的高墙，如果堵住了去路，就要绕道而行。"

教师提着一块折叠垫或准备多块折叠垫，在行进的路上设置障碍，提醒幼儿机智面对，判断好骑车的路线和方向，灵活做出调整。

3. 提升阶段

（1）情境创设

快递小哥。

（2）材料投放

小纸箱30个、雪糕筒、折叠垫、波波球约100个、各种形状的积木约50块、空器械车（蜂巢箱）3辆。

（3）基本玩法

设置几个"蜂巢箱"摆放在操场外围的3个角落，并贴上小纸箱、波波球、积木照片，让幼儿在投放快递的时候容易分辨，将所有快递物品分散摆放在操场上。

师："小司机已经学好本领了，现在要去送快递了。快递员们要按货物的类型，帮客人分好，并存放到相应的蜂巢箱。"

教师提醒幼儿每次开车出发，手里只拿一个快递。当有其他伙伴正在投递时，要保持距离，等待一下。教师还可以将折叠垫和雪糕筒有序摆放在大操场上，让幼儿在骑车的过程中自主选择路线，避免拥挤。

（三）结束部分

师："今天小司机不但考了驾照，避开了移动墙，还成功地送了快递。你们真棒，都是合格的快递员。现在我们坐在车上，给自己按摩放松，消除疲劳。"

（四）活动延伸

可以把"蜂巢箱"设在幼儿园特定的几个显眼的地方，增加骑行的距离，增加运动量。

第四章

其他类体育
教学活动设计

第一节　室内综合类体育教学活动设计

战胜大灰狼（小班）

广州市南沙区实验幼儿园　黄梓豪

【活动目标】

1. 喜欢投掷游戏，大胆战胜大灰狼。
2. 遵守游戏规则，探索投掷的方法。
3. 将小球投过至少1.1米高的高墙，瞄准移动的目标投掷。

【活动准备】

海绵球80个、海绵棒3根、绳子3根、桌子4张、椅子25把。

【动作发展】

基本动作：投掷。

动作拓展：踏步、投、跨、钻、爬、翻越、单手肩上投掷、投高、定点投准、移动投掷、快速下蹲、躲闪。

【活动过程】

（一）准备部分

1. 热身律动

幼儿跟随音乐节奏，和教师一起做热身律动操。

2. 热身游戏

（1）情境创设

小猴子练本领。

（2）材料投放

海绵球40个、椅子20把、桌子4张、纸皮箱。

（3）基本玩法

教师布置室内外场地和材料，将桌子、椅子有序地按一定间距进行摆放。

师："小猴子开始练习本领了，要用不同方式走过、翻越过椅子，然后将海绵球投到楼梯台阶上，看看哪只小猴投得最高。"

教师根据幼儿实际情况，适当调整桌子、椅子的间距。教师提醒幼儿站在指定位置，将海绵球投向楼梯上设定的纸箱。也可将一些空的塑料瓶放在楼梯上，让幼儿瞄准投掷。

（二）基本部分

1. 探索阶段

（1）情境创设

投弹围城。

（2）材料投放

桌子4张、椅子25把、海绵球80个。

（3）基本玩法

教师将桌子放倒，桌面与地面呈90°角，搭建一个围城。围城里横向拉一条高1.1米的绳子，在绳子上挂一些大灰狼的头像或图片。

师："小猴子要把球投到大灰狼的城堡，打败老狼，救出爷爷。小猴子越过障碍后，站在椅子前将海绵球投向围城中的大灰狼，看谁投得准。"

教师提醒幼儿想办法投准，调整自己的动作姿态。

2. 学习阶段

（1）情境创设

大灰狼的飞机。

（2）材料投放

海绵棒3根、绳子3根、海绵球80个、桌子4张、椅子25把。

（3）基本玩法

教师用海绵棒围成一个环，再用彩纸加工成几个飞机模型。然后，用绳子绑住吊在空中，距离地面1.6~2米高。

师："大灰狼的飞机来了，请小猴子使用海绵球投掷。在投掷之前先要跨过壕沟，钻过山洞，爬过高山等，站在椅子后进行投掷，想办法投中不同高度的敌机。"

教师可在围城内放置塑料瓶，或晃动彩圈，增加投掷的难度。

3. 提升阶段

（1）情境创设

互投大战。

（2）材料投放

海绵球80个、桌子4张、椅子25把。

（3）基本玩法

再增加一个围城，两城相距约1米，准备更多的海绵球。

师："我们准备和大灰狼在围城里对战，投弹手需要将海绵球投到大灰狼的营地，快来试试吧。"

教师引导幼儿在互投时分散找位置，快速蹲下，或利用桌子躲闪，懂得保护头部。还可提供一些小篮子或小方垫给幼儿，提醒幼儿自主选择。

（三）结束部分

师："小猴子通过不懈努力，成了一名合格的投弹手，战胜了大灰狼。接下来我们来跟随轻音乐做放松动作。"

（四）活动延伸

教师可以扛着收纳筐或飞机模型走动，将幼儿引到户外，到更大的场地进行投掷练习。

小兔子学跳伞（中班）

广州市南沙区实验幼儿园　黄梓豪

【活动目标】

1. 大胆尝试，积极参与游戏。
2. 遵守游戏规则，探索多种跳跃的方法。
3. 能拿着塑料袋，模仿跳伞运动员，从桌子或凳子上安全跳下。

【活动准备】

直径约45厘米的彩圈30个、桌子6张、椅子25把、高度约10厘米的泡沫砖20块、绳子1根、塑料袋、纸球。

【动作发展】

基本动作：跳跃。

动作拓展：单脚跳、双脚跳、左右跳、前后跳、侧身跳、骑马跳、转圈跳、摸高跳、双脚连续跳、高处跳准。

【活动过程】

（一）准备部分

1. 热身律动

跟随音乐节奏，幼儿扮演小兔子做动作，教师带领幼儿原地连续跳、左右跳、前后跳、转圈跳、摸高跳等。

2. 热身游戏

（1）情境创设

初探彩虹圈。

（2）材料投放

彩圈20个、泡沫砖10块、绳子1根、纸球1个。

（3）基本玩法

教师选择一个较为舒服的位置，将不同大小的彩圈左、右错位地在地面上摆放成一列。

师："兔子大王要考验小兔子的跳伞本领，小兔子们要用彩圈来练习跳跃。小兔子们先来试一下，看彩圈怎么玩。"

教师鼓励幼儿用自己的方式连续跳过彩圈小路，如单脚跳、左右跳、侧身跳、骑马跳等。教师提醒幼儿不要踩到彩圈，鼓励合作游戏。

（二）基本部分

1. 探索阶段

（1）情境创设

小兔子跳圈。

（2）材料投放

彩圈20个、泡沫砖20块、椅子20把、绳子1根、纸球1个。

（3）基本玩法

教师利用两块泡沫砖将彩圈悬空架起，旁边放1把椅子。

师："小兔子的练习任务升级了，要从椅子上跳进彩圈，落地时要保持身体稳定，不碰到彩圈。"

教师提醒幼儿屈膝缓冲，或将彩圈放得更远，增加跳跃难度。

2. 学习阶段

（1）情境创设

勇敢的小兔子。

（2）材料投放

彩圈3个、泡沫砖、桌子3张。

（3）基本玩法

教师先将3张桌子摆放在同一侧，每张桌子前摆放一个悬空的彩圈，让幼儿分成3组准备。

师："小兔子的练习任务再度升级，要从更高的地方跳进彩圈，看看谁落地时最稳。"

可以调整彩圈与桌子间的距离，增加难度。

3. 提升阶段

（1）情境创设

小兔子跳伞。

（2）材料投放

彩圈3个、桌子3张、泡沫砖、塑料袋。

（3）基本玩法

在前一个游戏的基础上，将彩圈架在泡沫砖上，高度约20厘米。

师："小兔子现在终于可以跳伞了，拿着塑料袋当成降落伞，安全跳进彩圈内，才算完成任务。"

不断调整彩圈与桌子间的距离，开展一些跳伞比赛活动，提醒幼儿落地屈膝缓冲，保持平衡。

（三）结束部分

师："小兔子们成功完成了任务，获得了兔子大王的奖励，每人分得一根胡萝卜。"慢走一圈后，幼儿可以跟随轻音乐做放松动作。

（四）活动延伸

在桌子上跳下时，还可以用绳子在前面做障碍，不断调整绳子的高度，激发幼儿体验不同跳跃的变化，如从桌子跳下时，要用力跳过绳子。

探险花果山（大班）

广州市南沙区实验幼儿园　黄梓豪

【活动目标】

1. 喜欢与伙伴玩攀爬游戏。
2. 遵守游戏规则，探索攀爬的方法。
3. 能手脚协调安全攀登，机智躲过大蛇，完成送水果的任务。

【活动准备】

桌子6张、椅子30把、垫子2块、长麻绳、箩筐1个、海绵球。

【动作发展】

基本动作：攀爬。

动作拓展：蹬、爬、手脚协调攀爬、连续攀爬、携物攀爬、躲闪攀爬。

【活动过程】

（一）准备部分

1. 热身律动

跟随音乐节奏，一起做热身律动操。

2. 热身游戏

（1）情境创设

初探花果山。

（2）材料投放

桌子6张、椅子20把。

（3）基本玩法

教师摆放好两条攀爬路线，桌子和椅子组合成安全的小山。

师："我是孙悟空，你们是小猴子，我们来到了花果山。跟我学几个小猴子的动作，看你能不能学会，然后我们再一起爬上花果山。"

热身后，小猴子开始自主探索花果山。教师提醒幼儿踩稳、看准，注意安全。

（二）基本部分

1. 探索阶段

（1）情境创设

地震后的小山。

（2）材料投放

桌子6张、椅子30把、两联垫子2块。

（3）基本玩法

教师将椅子调整为"db"形状，桌子间距约1米。

师："经过一场地震后，花果山发生了变化，变得高高低低，我们再来试一试，看能否安全通过花果山。"

教师可调整椅子和桌子的间距，增加难度，提醒幼儿探索安全走平衡动作。

2. 学习阶段

（1）情境创设

花果山送果子。

（2）材料投放

桌子6张、椅子30把、海绵球、箩筐1个。

（3）基本玩法

教师将海绵球发给幼儿，调整椅子与桌子间的距离，增加一点难度，在小山对面放好箩筐。

师："我们采了新鲜的水果（海绵球）要送到水帘洞里去。小猴子们要拿好水果，安全地走过小山，看看谁能做到。"

教师提醒幼儿可以多拿几个海绵球，要看准路线，机智应对。

3. 提升阶段

（1）情境创设

路遇大蛇。

（2）材料投放

桌子6张、椅子30把、绳子、海绵球。

（3）基本玩法

将绳子分散，横向拉在小山上面，当作高高低低的大蛇。

师："小猴子在运送水果的时候遇到了大蛇。大蛇悬挂在小山上，大家路过时要注意点，千万不要碰到，想办法通过。"

不断改变大蛇的摆放位置，为幼儿设置不同的难度，让幼儿与大蛇斗智斗勇。

（三）结束部分

师："小猴子们在花果山学到了很多本领，安全躲过了大蛇，将水果运到了水帘洞，完成了任务，真是勇敢又能干！"慢走一圈后，幼儿跟老师做放松运动。

（四）活动延伸

在户外活动中，可利用单双杠、攀爬架、梯子、轮胎等器械搭建不同难度的"高山"，提升幼儿的攀爬能力。

第二节　知觉—动作类体育教学活动设计

快乐海洋球（小班）

广州市越秀区启智学校　陈洁莹

指导教师　梁颖茵

【活动目标】

1. 享受集体游戏的快乐。
2. 在运动中初步感知速度快慢和前后等空间方位。
3. 尝试短距离前进跪走，保持手脚协调。

【活动准备】

铺地垫的活动场室、海洋球、塑料篮子、大彩虹伞1把。

【动作发展】

基本动作：前进跪走。

动作拓展：倒退跪走、快速上下甩、慢速上下甩、抛、握、左右手协作拾取。

【活动过程】

（一）准备部分

热身律动：跟随音乐节奏，一起做热身律动操。

（二）基本部分

1. 探索阶段

（1）情境创设

跪走停游戏。

（2）材料投放

垫子。

（3）基本玩法

教师播放《走走停》音乐，引导幼儿听音乐。当音乐响起时，幼儿可在垫子上随意跪走。音乐停时，幼儿停止跪走。在此过程中教师可通过示范或提示让幼儿留意音乐信号。

幼儿在听到音乐后，注意在地垫上活动。如有幼儿走出地垫，教师需要适时提醒（软垫能够更好地保护膝盖）。

2. 学习阶段

（1）情境创设

海洋球游戏。

（2）材料投放

彩虹伞、海洋球。

（3）基本玩法

幼儿保持跪姿围成圆圈，教师拿出彩虹伞，让幼儿手持彩虹伞握绳。教师播放音乐《快与慢》，当旋律快时幼儿向伞内跪走，旋律慢时幼儿向伞外倒退跪走。

教师向彩虹伞内倒进海洋球，继续播放音乐《快与慢》。音乐快时，幼儿快速上下甩动彩虹伞；音乐慢时，幼儿慢速甩动彩虹伞。摆动时注意调整力度，尽量不要让海洋球掉出彩虹伞。

幼儿抛动彩虹伞时，注意拉开距离，避免在活动中相互碰撞。教师发指令时，要清晰明了，如快快走、慢慢走、快快甩、慢慢甩。甩动时注意控制力度和握紧彩虹伞。

3. 提升阶段

（1）情境创设

把海洋球送回家。

（2）材料投放

海洋球、篮子。

（3）基本玩法

教师给幼儿派发小篮子，幼儿一只手拿篮子，另一只手去捡海洋球。要求幼儿捡起上一活动掉落的海洋球，以跪走的方式收集归位。

教师可播放音乐，以音乐作为时间指令；提醒幼儿在音乐时间内把地上的海洋球捡进篮子。

（三）结束部分

播放轻柔音乐，教师让幼儿躺进海洋球池，慢慢地转动身体，让海洋球按摩身体。也可以让幼儿互相用小手来按摩，达到放松的目的。

教师提醒幼儿动作轻柔，尽量平躺，缓慢地让海洋球在身体上移动。

（四）活动延伸

本节课幼儿通过"听—跪走—捡海洋球"活动，同时获得了视觉、听觉、触觉、肌肉等多种感觉信息输入，信息经由注意、辨别、归类等加工，整合输出为连贯的动作。

除了上述活动外，也可以利用海洋球开展合作性或竞争性游戏，如分成两组跪走运球，运球最多的组别获胜；合作拿篮子把海洋球从起点运到终点。教师要适时示范和提示，让幼儿关注别人的动作与要求，并能够关注、参照、模仿。

勇闯难关（中班）

广州市越秀区启智学校　陈洁莹

指导教师　梁颖茵

【活动目标】

1. 感受运动的快乐，能学习模仿同伴。
2. 能了解一一对应的概念、顺序的概念，按要求进行游戏。
3. 能模仿交替半跪并复诵数数1~10，提升视、听、动统整能力。

【活动准备】

地垫活动室、小皮球、套圈玩具、小红旗印章、印章纸。

【动作发展】

基本动作：交替半跪、站立。

动作拓展：抛、接、跪、半跪、拍手、合作抛接球、套、投放、击掌。

【活动过程】

（一）开始部分

1. 热身律动

跟随音乐节奏，一起做热身律动操。

2. 热身游戏

（1）情境创设

半跪姿势接球。

（2）材料投放

小皮球。

（3）基本玩法

幼儿两个一组，在操场找好舒服的位置，相对拉开距离，维持半跪姿，相互抛接球。

教师指导幼儿维持半跪姿势，保持稳定姿势，看准伙伴再进行抛球。两组之间找好一定距离，避免互相拥挤碰撞。幼儿如果半跪姿势累了，可换一条腿试试。

（二）基本部分

1. 探索阶段

（1）情境创设

数数套圈。

（2）材料投放

套圈玩具、印章纸、印章。

（3）基本玩法

幼儿保持半跪姿势，一边数数一边套圈，一个数字对应套一个圈。

师："今天有几个难关需要我们合作完成。每完成一关，都能得到一个红旗印章。如果存够印章，就可以兑换奖品。"

教师给幼儿每人派发10个套圈，让幼儿保持半跪姿势，认真听老师指令。教师数1时，幼儿跟着教师数1，并用圈圈套住目标物。按此规则，直至数到10，任务完成，为幼儿盖上印章。

2. 学习阶段

（1）情境创设

勇敢来闯关。

（2）材料投放

小印章、地垫。

（3）基本玩法

幼儿两人一组，拉开距离，保持半跪姿势。两人换腿半跪的时候，同时击掌数数，从1数到10。

师："现在来勇闯第二关。这一关需要两个小伙伴相互配合，击掌数数，从1数到10。记得两人换腿跪姿时，节奏要一致。完成后，每人可得到一个小印章。"

教师提醒幼儿相互击掌数数时注意听节奏；注意换腿时保持平衡，不要抢拍。

3. 提升阶段

（1）情境创设

大声数出来。

（2）材料投放

印章、地垫。

（3）基本玩法

师："大家都非常棒，前面两关都得到了印章，现在来闯第三关。要求你们换腿半跪时，伴随着节奏，大声把数字喊出来。"

教师先做动作示范，然后提醒幼儿，如果击掌动作和数数匹配不上，就要努力调整节奏，两人要配合好。

（三）结束部分

师："大家都很棒，每一关都能认真完成！"

请幼儿拍打腿部肌肉，放松身心，整理器械。

（四）活动延伸

本节课幼儿边模仿边交替半跪，边复诵数数1~10，同时输入视觉、听觉、触觉等多种感觉信息，通过注意、辨别、记忆储存、提取、计划等信息加工，整合输出边模仿、边数数的同步动作。通过知觉—动作游戏，促进幼儿视、听、动能力统整，在生活中逐渐发展出"一心二用"的能力。

训练视、听、动统整能力的活动有很多，如边跳格子边数数、集体队列练习、教师喊口令幼儿数数、边跳绳边数数。

小兔子拔萝卜（大班）

广州市越秀区启智学校　陈洁莹

指导教师　梁颖茵

【活动目标】

1. 喜爱运动，养成良好的运动习惯。
2. 根据游戏情境探索蹲及相关动作的方法。
3. 能控制身体进行短距离蹲走、蹲跳。

【活动准备】

地垫、兔子头套、萝卜头套、红萝卜道具、套圈、袋子、箱子、篮子。

【动作发展】

基本动作：蹲。

动作拓展：向前拉伸、向后拉伸、跳、蹲站、前进蹲走、后退蹲走、蹲跳、跃、用力拉。

【活动过程】

（一）准备部分

1. 热身律动

跟随音乐节奏，一起做热身律动操。

2. 热身游戏

（1）情境创设

兔子跳跳跳。

（2）材料投放

地垫。

（3）基本玩法

教师播放《兔子跳跳跳》音乐，引导幼儿排好队，一个跟一个拉着衣尾走。当听到"跳跳"的指令时，幼儿一起半蹲着原地跳三下。

教师竖起手指，做出小兔子耳朵的手势，半蹲跳起，让幼儿模仿。

（二）基本部分

1. 探索阶段

（1）情境创设

拔萝卜。

（2）材料投放

兔子头套、萝卜头套、套圈。

（3）基本玩法

教师布置场地，将套圈间隔一定距离摆好。幼儿分成两队，一队扮演兔子，一队扮演萝卜。扮演萝卜的幼儿蹲在圈内等待。教师带领兔子以蹲走方式走到萝卜区。

师："今天我们来到了萝卜田，一起来拔萝卜。我们要用统一的方式，蹲着走过去，把所有的萝卜全拔出来。"

教师发出指令，小兔子蹲着走到萝卜边上，听到教师喊"1，2，3"时，用力拉起萝卜，然后交换角色进行游戏。

2. 学习阶段

（1）情境创设

运萝卜。

（2）材料投放

兔子头套、胡萝卜道具、箱子1个、篮子。

（3）基本玩法

把胡萝卜道具放在圈内，幼儿以蹲着走的方式走过去，把胡萝卜从起点运到终点。

师："刚才大家拔了很多胡萝卜，现在要两人一组，合作用篮子把胡萝卜运到终点的箱子内，把胡萝卜储存起来。"

幼儿一起把胡萝卜装进篮子里，然后两人合作，托着篮子蹲着走到终点，把胡萝卜放进箱子里。

教师提醒幼儿分工合作，有序地装萝卜，坚持蹲着走到终点。

3. 提升阶段

（1）情境创设

兔子回家。

（2）材料投放

套圈。

（3）基本玩法

教师用套圈在地上拼成一条圈圈小路，让幼儿以蹲跳的形式连续跳进圈圈。要求幼儿从终点开始，一直蹲跳，回到起点。

师："小兔子们都很棒，把胡萝卜都运完了。现在天黑了，小兔子们要回家了，我们一起蹲着连续跳进圈圈，回家吧。"

教师引导幼儿蹲跳时要用力，连续跳入相隔一定距离的圈。

（三）结束部分

师："今天小兔子们都很棒，拔了很多胡萝卜，可以吃很久呢！为了表扬大家不怕困难、团结合作，兔子妈妈带了糖果来感谢你们。"奖励后教师带领幼儿拉伸下肢肌肉，一起揉揉腿。

（四）活动延伸

本节课幼儿通过"听—蹲走/跳—拔/运萝卜"的活动，大量输入视觉、听觉、触觉、肌肉感觉信息，经由注意、辨别、归类、组织、计划等信息加工，整合输出力量性、技巧性兼备的动作。

下蹲动作需要较强的下肢力量，是教学难点，需要设计多种有趣的游戏激发幼儿参与动机。教师可用过程性评价促进幼儿维持参与动机。